티마스터

TEA MASTER
티마스터

(사)한국커피협회 지음

 발간사

　(사)한국커피협회 티마스터 자격제도는 대한민국 식음료 문화의 새로운 트렌드를 제시하고, 평생교육의 일환으로 티 커리큘럼 개발뿐만 아니라 티마스터 전문인력 양성을 위해 진행하는 사업입니다.

　전 세계적으로 티마스터란, 티를 전문적으로 다루는 직업군을 말합니다. 티마스터는 티를 재배하는 산지 및 티 제조 회사에서 균일한 품질의 티를 만들거나 새로운 블렌딩 티를 개발하기도 하고, 티를 취급하는 매장에서는 고객에게 관련 정보를 전달하고 티를 판매하는 등 다양한 활동을 하고 있습니다.

　지금까지 우리 문화에서 차는 '어렵다, 맛없다, 불편하다' 등 긍정적인 수식어보다는 부정적인 이미지가 많았습니다. 이는 차에 대한 이론적인 지식만을 이야기하거나 중국 혹은 유럽의 차 문화 등을 그대로 받아들여 대중과의 소통 없이 일방적으로만 이야기하였기 때문입니다.

　최근 미국을 비롯한 세계적인 트렌드를 보면 카페인의 선택 여부, 다양한 화장품이나 건강 식품과의 컬래버레이션, 푸드와의 페어링을 통해 티에 대한 관심이 상승하고 있습니다. 하지만 차에 대한 경험이 부족한 우리나라에서는 다양한 소비층이 원하는 맛과 서비스를 제공할 수 있는 인재가 많이 부족합니다. 티를 전문적으로 교육하는 곳이 늘어났음에도 불구하고 여전히 티를 음료로서 활용하기 어려워하며, 외국의 티 문화를 동경하는 데서 머물러 있을 뿐입니다.

　그렇기에 지금 우리에게는 일반인들이 다양한 추출 도구와 티 레시피를 활용하여 티를 추출하고 즐길 수 있도록 하는 티 전문교육이 가능한 티마스터의 역할이 꼭 필요합니다. 티마스터를 통해 티의 기호음료로서의 가치를 높이고 더불어 티 음료의 대중화를 이끌어낼 수 있을 것입니다. 또한 국내외 트렌드에 어울리는 티 커리큘럼을 고안하

 발간사

고, 국내 소비자의 기호를 반영한 티 음료 개발이 가능하도록 에스프레소 머신, 사이폰 등 트렌디함과 편리함이 겸비된 도구의 사용뿐만 아니라 티를 간편하고 쉽게 취급할 수 있는 새로운 도구를 개발함으로써 티의 활용 가능성을 높이고자 합니다.

(사)한국커피협회는 2005년부터 시작한 바리스타 자격검정시험 운영을 통해 커피 에 프스레소를 대중화시켰고, 바리스타라는 직업군의 성장을 통해 세계 커피산업의 선두 에 설 수 있었습니다. 이뿐만 아니라 홈카페마스터, 커피지도사 등의 과정의 통해 커피 를 즐기는 새로운 패러다임과 더불어 최근 커피산업 트렌드에 맞는 향미평가사, 로스 트마스터의 신설을 통해 한국 커피산업의 중심을 만들어가고 있습니다. 또한 티마스 터를 비롯한 워터 소믈리에, 젤라토, 쇼콜라 등으로 분야를 다양화하여 우리나라 외식 문화를 폭넓고 균형 있게 발전시키기 위해 (사)한국커피협회와 회원들은 지속적인 노 력을 하고 있습니다.

(사)한국커피협회는 커피를 단순한 메뉴가 아닌 식음료 산업 전반으로 발전시킨 저 력을 바탕으로, 식음료군 중 새로운 도전을 해야 하는 티마스터 자격제도를 위해 티마 스터 교재 출판과 함께 전문 강사진을 육성하고 교육기관을 확대하고 있습니다. 이번 티마스터 교새 출판을 세기로 향후 기호음료로서의 티의 가치를 재조명하고, 한국 소비 자들과의 소통을 통해 꼭 필요한 새로운 식음료 산업군으로 만들고자 합니다.

티마스터 자격제도 교재 출판을 위해 많은 도움 주신 ㈜삼원티앤비 오명옥 대표님 과 최선의 노력을 다해주신 평생교육위원회 및 티마스터 팀원들께 깊이 감사드립니다.

사단법인 한국커피협회 회장 **이상규**

 목차

 목차

TEA
MASTER
티마스터

1장

티
개론

01
차의 정의

1. 차의 정의

차는 차나무의 어린 싹, 어린 잎, 줄기 등으로 만들어지는 것을 물로 우려내어 마시는 기호음료 중 하나이다. 차나무는 열대, 아열대, 온대 지역에서 자라는 교목 또는 관목의 상록수로 동백나무과 동백나무속 차나무종이다. 세계적으로 통용되고 있는 차나무의 공식적인 학명은 'Camellia sinensis(L.) O. Kuntze'로 '카멜리아Camellia'는 동백나무, '시넨시스Sinensis'는 중국을 뜻하고 '(L.)'은 린네, 'O. Kuntze'는 쿤체의 이름에서 따온 것이다.

■ 차나무

차나무를 형태로 분류하면 관목형인 중국 소엽종과 교목형인 중국 대엽종으로 나뉘는데, 인도 아삼종은 교목형에 속한다. 소엽종은 주로 사계절이 뚜렷한 중국 남부와 동부, 한국, 일본 등 온대 지방에서 자라며, 나무의 크기는 2~3m이고 잎의 크기가 6~9cm 정도인 소엽으로 내한성이 강한 것이 특징이다.

인도 아삼종은 차나무 키가 18m까지 자라며 잎의 크기가 15~30cm로 열대, 아열대

■ 관목형 차나무　　　　　　■ 교목형 차나무

에 분포한다. 내한성이 약하며 주로 홍차 제조에 사용된다. 중국 대엽종은 중국 윈난雲南, 운남, 쓰촨四川,사천 등지에서 자라는데, 차나무의 키가 5m 전후이고 찻잎의 크기는 12~30cm 정도이다. 주로 후발효차를 만드는 데 사용되며 보통 야생으로 자란다.

2. 차나무의 원산지

　차나무의 원산지에 관해 '중국 원산지설'과 '인도 원산지설', 동남아 각국의 '자연 원산지설'이 전해지고 있다. 이 같은 이야기는 1823년 인도에서 아삼종을 발견되면서 인도 원산지설, 자연 원산지설에 대한 원산지 논쟁이 일어나기 시작했으나, 현재 가장 주목 받고 있는 것은 중국 원산지설인 '윈난 서쌍판납설雲南西双版納'이다. 중국이 차나무의 원산지라고 주장하는 첫 번째 이유는 야생 차나무의 대다수가 윈난, 구이저우貴州, 귀주, 쓰촨, 푸젠福建, 복건, 후난告南, 호남, 광둥廣東, 광동, 광시廣西, 광서에 분포하며, 고대 차나무가 중국 윈난, 쓰촨 일대의 100여 개가 넘는 곳에서 발견되었기 때문이다. 두 번째 이유는 1892년 미국의 월쉬J. M. Walsh가 발표한 「차의 역사와 비결」이라는 연구 보고와 프랑스와 일본에서 순차적으로 발표된 연구 보고에 의한 것이다. 이 연구 보고에서 중국종과 인도종의 염색체 차이가 없으며 형태학적인 연구 결과에서도 구별 한계가 없다는 것이 발표되며 중국에서 발견된 고대 차나무가 차의 원산지임을 증명하게 되었다.

▨ 운남 서쌍판납설

원난성 서쌍판납 지방은 기상과 토양 조건이 차나무 생육에 가장 적합한 지역으로, 이곳에서 생육한 차나무가 동쪽으로 내려가 현재의 중·소엽종이 되고 서남쪽으로 내려가 인도 아삼종이 되었기 때문에 서쌍판납 지방이 차의 원종原種이 발생한 지역이라는 설이 중국 안휘 농학원農學院에서 발표되었다. 현재 학계에서는 고차수高茶樹가 집중적으로 발견되는 중국의 재배 역사에 중점을 두고 있다.

■ 원난성에서 발견되는 고차수 ❶ ❷   ■ 1700년 수령의 카멜리아 타리엔시스 ❸

1961년 발견된 카멜리아 타리엔시스Camellia Taliensis는 현재의 차나무인 카멜리아 시넨시스Camellia Sinensis에 가장 근접한 식물이다. 카멜리아 타리엔시스를 차로 마시면 떫은맛이 적어 조금 싱거운 느낌이 있는데, 윈난성의 소수민족들은 이것을 차뿐만 아니라 식용으로 이용하기도 했다. 4년 후 윈난성 다엽연구소에서는 최고령의 차나무 카멜리아 시넨시스를 발견했는데, 둘레는 2m 70cm, 높이는 3~4m, 잎은 15cm 정도로 크고 무성한 상태였다. 이 차나무는 1995년에 고사枯死하였으나 그 후로도 윈난성에서는 수많은 고차수들이 발견되고 있다.

3. 차나무의 생육과 재배

1) 기후

차나무가 자라기 적합한 연평균 기온은 14~16℃이다. 기온이 40℃가 넘어가면 차나무의 잎이 마르고 영하로 내려가면 추위로 피해를 입게 되어 차의 품질이 떨어지게 된다. 고품질의 차를 생산하기 위해서는 연강수량이 1,500mm 이상이고 기후가 서늘하며 낮과 밤의 온도차가 크고 안개가 잦은 지역에서 재배하는 것이 좋다.

특히 경사가 심하고 일교차가 크면 차의 향기 성분이 많이 만들어지므로 해발고도가 높을수록 향이 좋고 깊은 맛의 차가 생산된다. 반면, 저지대일수록 열대 혹은 아열대의 기후 특징을 가지게 되어 강한 맛과 바디감을 지닌 차를 생산하게 된다.

■ 안개가 가득한 다즐링 캐슬턴 다원

2) 토양 조건

차나무의 성장에 좋은 토양은 약산성pH 4.5~5.5을 띠고, 통기성과 투수성이 좋아 물 빠짐이 좋으며 아미노산이 풍부한 토양이다. 이 같은 토양 조건은 차의 맛에도 깊은 영향을 준다. 차나무가 성장하고 품질이 좋은 찻잎을 생산하기 위해서는 다양한 영양 성분이 필요한데, 그중 질소 성분은 생육을 촉진시켜 수확량에 영향을 준다. 과도한 질소는 차의 향을 떨어뜨리고 병충해를 입을 가능성을 높여주므로 그 양을 조절해주는 것이 중요하다. 토양이 점토질일 경우에는 바디감 있는 차의 맛이 만들어지고 모래 토양이면 맛이 부드럽고 가벼워진다.

3) 일조량

녹차는 햇볕을 많이 쬐면 어린잎에 많은 아미노산 성분이 폴리페놀Polyphenol로 변화해 쓰고 떫은맛이 많이 생겨나고, 섬유질이 발달하여 맛의 균형감을 잃게 된다. 그렇기 때문에 햇볕을 가려줌으로써 차의 감칠맛에 영향을 주는 아미노산 성분과 엽록소를 늘리는 방식으로 차를 생산하기도 된다. 이 같이 햇볕을 가리는 생산 방식은 일본에서 주로 쓰이며 다도용으로 사용되는 말차抹茶가 대표적이다.

홍차는 녹차보다 일조량이 조금 더 많아야 홍자스러운 맛과 향이 만들어지는데, 일조량이 너무 많으면 쓰고 떫은맛의 강도가 강해지거나 찻잎이 타므로 햇볕을 가리는 세이드 트리Shade tree를 차밭 중간중간에 심어 홍차의 품질을 조절하기도 한다.

■ 햇볕에 의한 폴리페놀 생성

4) 재배 지역

차나무 재배는 북방한계는 북위 45°에 위치한 러시아 크라스노다르에서 남위 30°
에 가까운 남아프리카공화국 나탈주 북부 아르헨티나이고, 주요 생산지는 인도, 스
리랑카, 중국, 일본, 아프리카, 러시아 코카서스 지방, 남아메리카 일부 지방을 포함
한다. 우리나라의 차나무 북방한계는 북위 36° 이남인 전라북도 김제, 남원, 경상남
도 함양, 울산 이남에서 제주도까지이다.

■ 차가 재배되는 나라

4. 차의 기원

세계 최초로 약용 식물에 대해 기술한 『신농본초경神農本草經』은 차를 포함한 다양
한 약초를 직접 체험하고 그 효과를 확인하여 정리한 『신농본초神農本草』를 계승하여
집대성한 약물서이다. 『신농본초경』에는 차에 대한 전설이 실려 있는데, 이 이야기

가 바로 신농설神農說이다. 신화시대神話時代의 삼황三皇 중 하나인 신농神農, BC 2737년은 불·상업·농업의 신이자 한약의 시조라 전해진다. 신농은 농사를 짓고 농기구를 이용하는 방법과 불을 이용해 물을 끓이는 법 등을 가르쳐 염제炎帝라 불리기도 하였다. 신농의 전설 중에는 신농이 약초의 효능을 연구하던 중에 독이 든 풀을 먹고 중독되었는데, 찻잎을 씹어 먹고 해독할 수 있었다는 일화가 있다. 어디까지나 전설에 불과하지만, 지금도 중국에서는 연중 처음 생산하는 햇차를 다신인 신농에게 바치며 제를 지낸다고 한다.

차에 대한 또 다른 기록으로는, 전한前漢, BC 206년~AC 8년 시대에 쓰인 『동약童約, 노예 매매계약서』에서 차를 마시고 다구를 이용했다는 글이 확인된다. 이를 통해 중국에서는 이미 전한 시대부터 차를 음용하였으며 중국의 차 역사는 2천년을 훨씬 넘는다는 것을 유추할 수 있다.

■ 신농　　　　　　　　　　　　■ 신농본초경

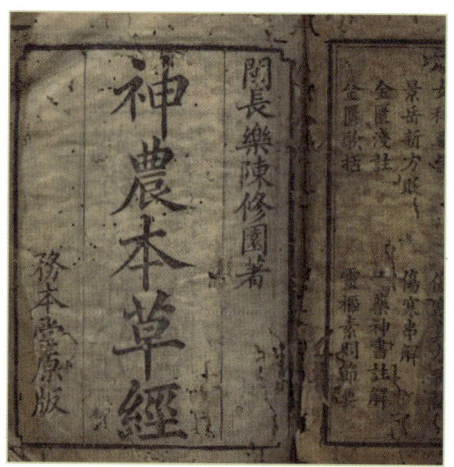

02
차의 역사

중국에서 차는 처음에는 약용으로 쓰였으나 6세기 이후 당나라618~906년 시대부터는 육우가 『다경』을 통해 차의 기준을 세우면서 차를 보급하고 확산시킬 수 있는 기틀을 마련하여 음료로서 널리 마시게 되었다. 또한, 중국인의 사교장 역할을 하는 다관茶館이 생기고 가정에서도 차를 즐기는 문화가 생겼다. 당시 차를 제조하는 형태는 녹차였는데, 찻잎을 증기로 찐 후 끓인 물을 사용하여 마셨기 때문에 맛도 좋고 위생적이어서 인기가 많았다고 한다.

명나라1368~1644년 때는 중국 차학 발전의 최고조에 이르는 시기로, 차 관련 서적이 55종 이상 간행되었다. 그리고 명나라 주원장朱元璋이 1391년 '단차團茶폐지령'을 내려 차농들의 폐해가 심한 단차 제조를 중지시키고 산차散茶, 오늘날과 같은 찻잎 모양을 살리는 잎차 제조를 명하면서 산차의 제조 방법에 따른 차나무의 품종과 형태가 다양해졌다. 그 당시 단차는 만드는 방법이 복잡하고 마시기 어려웠는데, 헌상차獻上茶를 위해 차를 만드는 농민의 부담을 덜어주기 위한 방법으로 시작된 산차 제조는 차 산업의 다양한 발전에 기여하게 되었다. 차 제조법의 발전과 더불어 산차를 편리하고 맛있게 마실 수 있는 방법도 고안되었는데, 이때부터 오늘날처럼 찻잎을 다관에 넣고 우리는 포다법泡茶法을 쓰게 되었다. 이러한 다양한 제조법이 출현하여 지금의 청차, 황차, 흑차, 백차 등이 만들어졌다.

15세기 푸젠성 무이산武夷山에서는 산화된 형태의 차를 제조하기 시작하였는데, 대표적인 부분산화차인 우롱차는 푸젠성 안계현에서 발행한『안계현지安溪縣志』에 처음 소개되었다. 또한, 일본 헤이본샤平凡社에서 발행한『세계대백과사전』에 따르면, 우롱차는 1700년 이후 중국에서 홍차와 함께 외국인의 기호에 맞춰 수출용으로 만들어졌다고 기록되어 있다. 중국 푸젠성의 동목촌은 송대 말부터 녹차를 제조하였으나 17세기 초부터 정산소종正山小種이라는 산화차를 만들기 시작했다. 동목촌에서 만든 정산소종은 18세기 후반에 영국으로 수출되었고 본격적으로 산화차가 발전하게 되었다. 청나라 때에 이르러 오늘날과 같은 중국의 6대 다류가 완성되었다.

1. 중국차의 역사

1) 당나라(618~906년)

육우의『다경』으로 차 문화를 꽃피우게 된 당나라는 떡처럼 만든 병차餠茶, 떡차를 주로 음용했다. 병차는 찻잎을 따고 증기로 찐 후 압착하여 떡으로 만든 다음 불에 쬐어 말려서 메줏덩이 같은 형태로 만든 것인데, 이를 음용하는 방법은 병차를 불에 구어 가루를 낸 뒤 끓여 마시는 자다법煮茶法이 주를 이루었다.

■ 육우의『다경』

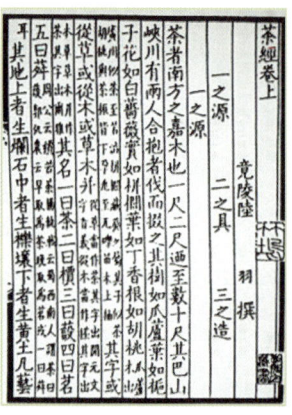

■ 육우

■ 차를 굽는 모습

■ 차를 굽는 모습

■ 구운 차를 가루 내는 도구인 다연자

2) 송나라(960~1279년)

송나라 시대에는 단차를 제조하게 된다. 단차는 병차에서 발전된 방법으로, 형태를 만들기 위해 절구에 여러 번 찧은 뒤 틀에 넣어 견고하게 만든 차이다. 단차를 음용할 때는 가루를 넣어 찻잔에 거품을 넣어 마시는 점다법點茶法이 행해진다. 이 점다법은 일본으로 전파되어 지금까지 말차 문화로 이어져 내려오고 있다.

송나라 시대는 당나라 때보다 차 재배 면적이 3배나 증가했으며, 차만 재배하는 전업농가와 관에서 운영하는 관영다원이 생겼다. 이처럼 국가에서 전매제도를 실시해 차를 전매하고 일반인의 차 판매를 금지하면서 국가 재정이 윤택해졌다. 또한, 제다 기술이 발전하면서 일반 서민은 만들기 어렵고 마시기 복잡한 단차보다는 오늘날 주로 볼 수 있는 산차를 제조하기 시작

■ 점다법

했다. 송나라 시대의 차 문화는 황실이나 관공서에서 행사 시 반드시 제공되는 음료뿐만 아니라 일반 사람들이 시내의 다관茶館에서 차를 즐기는 문화까지 생겨나며 개문칠건사開門七件事로 불리게 되었고, 차를 다려내는 방법을 겨루는 투차鬪茶가 성행하였다.

3) 원나라(1271~1368년)

원나라 시대에는 무이산에 황제에게 헌상을 하기 위한 어다원御茶園을 설치한 뒤 250년 이상 헌상차를 만들었다고 한다. 차를 음용하는 방법은 단차와 산차를 혼용하였다.

4) 명나라(1368~1644년)

명나라 시대는 중국 차학 발전의 최고조에 이르는 시기로, 차 관련 서적이 55종 이상 간행되었다. 또한, 명나라 초대 황제인 주원장朱元璋이 1391년 단차를 폐지시키는 '단차폐지령'을 내려 차농들의 폐해가 심한 단차 제조를 중지시키고 산차 제조를 명하면서 산차의 제조 방법에 따른 차나무의 품종과 형태가 다양해졌다. 차 제조법의 발전과 더불어 산차를 편리하고 맛있게 마실 수 있는 방법도 고안되었는데, 이때부터 오늘날처럼 찻잎을 다관에 넣고 우리는 포다법泡茶法을 쓰게 되었다. 포다법 시대가 옴에 따라 차를 우려내는 다기인 다호가 출현하고, 제다법이 연구 개발되었다. 명나라 말기에는 포르투갈, 네덜란드, 영국 동인도회사 등 서구에서 차에 대한 관심이 높아짐에 따라 유럽과의 무역이 증가하게 되었고, 홍차가 개발되어 현재 중국의 6대 다류가 완성되었다.

5) 청나라(1644~1912년)

청나라 시대에는 차를 즐길 수 있는 공간인 다관이 생기면서 여러 번 우려마시기 좋게 찻잔의 크기가 작아지고, 기능성을 갖춘 자사호, 개완배 등이 등장했다. 또한, 중국의 녹차, 우롱차, 홍차 등에 대한 유럽의 관심이 증가하면서 본격적으로 유럽 취향에 맞춘 차를 제조하게 되었고, 홍차 수출량이 비약적으로 증가함과 더불어 도자기의 수출도 늘어나면서 도자기는 '차이나China'라고 불리며 유럽에서는 '시누아즈리Chinoiserie', 즉 프랑스어로 중국 취향이라는 의미의 라는 단어를 만들어 내기도 했다. 한편, 명나라 때 개발된 자스민, 국화 등으로 만든 화차花茶가 유행하였고, 1729년에는 흑차와 보이차가 청나라 황실의 진상품인 공차貢茶로 지정되며 유명해지기 시작했다.

　1840년, 영국은 차 무역을 독점하고 있는 청나라와 아편전쟁을 일으켰는데, 청나라가 패배하면서 1842년에 홍콩 할양과 5개 항구 개항 등의 조약을 내건 불평등한 '난징조약'을 체결하게 되었고, 차의 수출량도 급격히 줄어들게 되었다. 이 사건 이후 청나라는 1844년에 미국과 왕샤조약望廈條約, 망하조약, 프랑스와 황푸조약黃埔條約, 황보조약을 맺게 되었고, 외세 열강의 개입이 시작되었다.

6) 중국인민공화국(1949~현재)

　중화인민공화국이 수립되고 난 후 중국차 복원 활동이 시작되면서 발전을 거듭하고 있다. 녹차, 흑차, 화차 등의 차를 전 세계에서 가장 많이 생산하고 있는 나라이다.

■ 포다법(자사호)

■ 포다법(개완배)

2. 한국차의 역사

한국의 차는 7세기 신라시대에 중국으로부터 중국종이 유입되어 경남 하동의 지리산 일대에 차 씨앗을 심고 차를 기르기 시작했다. 그 뒤를 이어 8세기에 일본에 전래되었고, 실크로드를 따라 서방으로도 전래되어 티베트 지방이나 중동에서도 차를 마시는 관습이 생겼다고 전해진다. 현재 경남 하동군 화개면 쌍계사 주변에는 차 시배지가 경상남도 기념물로 지정되어 있고, 화개면 정금리에는 우리나라에서 가장 오래된 차나무가 있으며 해마다 하동 야생 차 문화 축제가 개최되고 있다.

■ 차 시배지

1) 신라 시대(576∼935년)

약 200년 전 선덕여왕 때부터 화랑도의 수련과 수양을 위해 차를 마셨다는 기록이 전해지고 있지만, 김부식의 『삼국사기』에 따르면, 신라 흥덕왕 3년에 대신인 대렴大廉이 당나라에서 차나무 씨앗을 가져와 지리산에 파종하여 성행하게 되었다고 전해진다.

2) 고려 시대(918~1392년)

　고려 시대에는 차를 전문으로 관리하는 다례청茶禮廳이 있고, 왕족의 차 시중을 드는 관리를 두는 등 궁중다례를 중요하게 여겼다. 또한, 신라 시대부터 실시해오던 연등회, 팔관회 같은 국가 행사나 기우제, 사신 대접 등 중요한 일을 진행할 때 반드시 차를 내었다는 기록이 있다. 불교 국가였던 고려에서는 승려들이 다선삼매茶禪三昧, 차 마시는 행위에만 집중하는 경지, 다선일여茶禪一如, 차와 선은 하나이다라고 하여 차를 우려내고 마시는 행위로 수련을 했다고 전해진다. 고려 초기에는 차가 주로 상류계급의 문화였으나, 무신의 난武臣의 亂을 거쳐 고려 후기로 넘어가면서 일반 서민도 다점茶店에서 돈을 주고 차를 즐기게 되었다. 이때 차의 형태나 종류가 다양해지면서 어린 찻잎을 따서 말린 후 가루를 내어 끓인 물에 타서 마시는 방법, 한약처럼 달여 마시는 방법, 한약재 등과 함께 갈아 낸 뒤 쌀죽과 섞는 등 다양한 음용 방법으로 차를 마시게 되었다.

3) 조선 시대(1392~1910)

　조선 시대에는 고려 후기부터 즐겨오던 차 문화가 그대로 전해지지만, 임진왜란 이후 쇠락하였다가 실학이 힘을 얻는 조선 말기1858~1916년에 다시 중흥하게 된다. 특

■ 초의선사　■ 동다송　　　　　■ 정약용의 다산초당

히 지금의 성인식과 같은 관례, 혼례, 상례, 제례 등에 차를 음용하면서 차는 우리 생활에 예를 행하는 도구로 깊숙이 자리를 잡게 된다. 조선 후기 초의선사艸衣禪師가 1837년 집필한 차 입문서『동다송東茶頌』은 현재까지 전해지는 우리나라 최초의 차 서적으로서 다도의 이론과 실제를 우리나라에 맞게 꽃피우게 된다. 정약용1762~1836년은 다신계를 조직하여 차 생활을 활성화하였고, 추사 김정희1786~1856년는 수많은 다시茶時를 남겼다. 이를 통해 조선시대 학자들이 차를 즐기고 사랑하는 문화를 형성하였음을 알 수 있다.

3. 일본차의 역사

일본은 차선茶筅, 말차 젓는 도구으로 거품을 내서 마시는 말차로 가장 널리 알려져 있다. 또한, 초밥을 먹을 때 꼭 차를 곁들여 마시고, 편의점에서 쉽게 페트병에 든 차를 구할 수 있는 등 일상에서 차를 쉽게 즐길 수 있는 나라 가운데 하나이다.

1) 헤이안 시대(794~1185년)

당시 일본은 당나라 문화를 동경하며 당나라의 차 문화에도 많은 관심을 가지고 있었다. 그러다 805년 승려 사이초最澄가 당나라에서 차 씨앗을 가져와 교토 사카모토 지역에 심었고, 이것이 일본 차 문화의 시초가 되었다.

2) 가마쿠라 시대(1185~1333년)

본격적인 일본 차 문화는 에이사이榮西 선사가『끽다양생기喫茶養生記』를 저술하여 중국 송나라의 차 제조 및 음용 방법을 전하면서부터이다.『끽다양생기』는 차의 채엽, 차의 제다법, 차의 효능, 음용법 등 차의 전반적인 내용을 담고 있으며, 일본 최초의 차 서적으로 기록되고 있다. 송나라의 점다법을 일본 차 문화에 적용하면서 오늘날 일본의 차 문화가 만들어졌으며, 귀족 중심의 화려한 문화가 유행하면서 투다鬪茶, 차의 지식과 기술을 겨루는 것가 성행하였고 우지차 지역교토부 우지 지역 일대에 차나무를 심기 시작하였다.

3) 무로마치 시대(1336~1573년)

귀족과 무사 중심의 화려한 차 문화에서 '선종불교의 참선을 얻는 경지는 다도를 수련하는 것과 통한다'는 뜻의 '차선일미茶禪—味'를 주장한 승려 무라타 주코村田珠光의 영향을 받게 되었다. 이로 인해 한적하고 차분하며 소박한 상태의 미적 감각을 의미하는 '와비侘び'로 전환되며 간소하고 조용한 일본 특유의 차 문화가 만들어졌다.

4) 모모야마 시대(1574~1600년)

와비차侘び茶를 완성한 센노 리큐千利休는 일본의 독특한 차 문화인 차노유茶の湯를 정립한 사람으로서 도요토미 히데요시豊臣秀吉의 다도 자문으로 최고의 명성을 누렸다. 다구와 다실 구조를 디자인하기도 했던 센노 리큐는 다실로 들어가는 입구를 가로 60cm, 세로 60cm 정도로 작게 만들어 다실 문을 들어설 때 몸을 낮게 움츠리고 고개가 숙여지도록 했다. 이는 다실에서는 누구나 겸손함을 가지고 평등하며 대등한 자격으로 만나야 한다는 의미를 담은 것으로, 일본의 다도 문화를 상징한다. 지금도 일본에서는 참선과 다법을 조화시켜 일본의 다도 문화를 완성한 센노 리큐의 덕을 기리기 위한 추모 행사가 매년 열리고 있다.

5) 에도 시대(1603~1807년)

에도 시대에 이르러 다이묘大名, 각 지방을 다스리는 유력자의 경제 부흥을 위한 녹차 생산을 장려하게 되고, 차를 마시는 문화도 대중화되면서 차 문화가 확립되었다. 찻잎을 증기로 쪄서 만드는 등 다양한 제조법이 개발되었고, 네덜란드 동인도회사가 1610년 히라도平戸를 통해 유럽에 일본차를 수출하게 되었다.

6) 메이지 정부(1868년~1912년)

나가사키, 요코하마 등의 개항으로 녹차를 영국에 본격적으로 수출하게 되었으나, 1912년 영국의 홍차에 밀려 점차적으로 녹차 수출이 쇠퇴하게 되었다.

6. 차의 전파

차는 불교와 더불어 다양한 무역로를 통해 전파되었다. 220년경부터 베트남과 라오스, 미얀마 등에 전파된 것을 시작으로 7세기경 당나라 공주가 티베트로 시집을 가면서 차를 마시는 문화가 시작되었다고 한다. 우리나라에는 신라 흥덕왕828년 때 차가 들어왔으며, 일본에는 805년 승려 사이초가 중국 유학 후 전파했다는 기록이 있다.

차Cha라는 명칭은 광둥어계 마카오의 방언으로 육로를 통해 한국, 일본, 러시아, 인도, 몽고 등으로 전해졌으며, 마카오가 유럽과 아시아에서 무역 중심지로 부각되면서 '차'라는 용어를 널리 사용하게 되었다.

유럽으로의 전파는 중국 광둥 지역에서 1571년 포르투갈인이 처음 차를 접하고, 네덜란드 동인도회사가 마카오에서 중국차를 수입하고 판매하면서 본격적으로 차의 유통이 시작되었다. 차를 뜻하는 또 다른 말인 '티Tea'는 푸젠성 샤먼廈門, 하문의 방

■ 육로로 차가 전파된 육상교역로인 차마고도(茶馬古道)

언으로 네델란드인이 푸젠성에서 차를 수입하여 해상을 통해 유럽에 판매하면서 네덜란드, 영국, 미국, 프랑스 등으로 전해진 것으로 보인다.

■ 차의 전파 경로

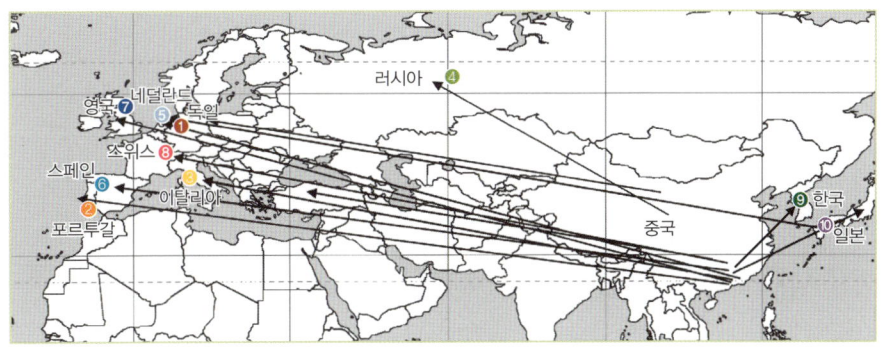

❶ 500년대 중국에서 독일로 차가 수출됨 ❷ 1571년 포르투갈 배가 중국 광동에 도착하여 차를 알게 됨 ❸ 1559년 이탈리아인이 중국차를 접함 ❹ 1568년 러시아인이 차를 알게 됨 ❺ 1591년 네덜란드인이 차를 알게 됨. 1607년 네덜란드 동인도회사가 마카오에서 중국차를 수입함. 1610년 네덜란드 동인도회사가 일본차를 수입함 ❻ 스페인인이 차를 알게 됨 ❼ 1615년 영국인이 차를 알게 됨. 1637년 영국 동인도회사가 광동에서 차를 수입함 ❽ 스위스인이 차를 알게 됨 ❾ 7세기에 이르러 한국에 차가 전해짐 ❿ 8세기에 일본에 차가 전해짐

◐ 지역에 따른 차의 용어

구분	광동어계(육로) – cha	구분	복건어계(해로) – ti
Cha	한국, 일본, 북경	Te	네덜란드, 노르웨이, 덴마크, 스웨덴, 스페인 이탈리아, 체코
Chai	몽골, 러시아, 폴란드, 루마니아, 아프가니스탄, 이란	Tea	미국, 영국, 헝가리
Cai	알바니아	Tee	독일
Ja	티베트	They	스리랑카
Chaya	티베트	Tey	남인도

O3

홍차의 확대

1) 차 마시는 문화의 시작, 네덜란드

중국의 차가 문화로서 유럽으로 들어와 널리 퍼지게 된 것은 17세기에 들어오면서부터이다. 1550년 이탈리아 지리학자인 조바니 바티스타 라무시오Giovanni Battista Ramusio가 쓴 『항해와 여행Delle navigationi et viaggi』에 차를 언급한 내용이 있지만, 이후 차를 접하게 된 이탈리아나 포르투갈에서는 당시 차에 관심이 없었기에 교역품이 되지는 못했다. 그러다 17세기에 이르러 항해술이 발달하면서 아시아 지역과의 접촉이 늘어나게 되었고, 네덜란드 귀족 사회에서는 중국이나 일본의 차 마시는 방법을 따라하거나 중국 도자기에 차를 마시는 등 동양 문화에 대한 관심이 높아지고 유행하게 되었다. 이러한 관심과 유행은 네덜란드를 넘어 영국에까지 전해지게 된다.

네덜란드의 차 문화는 1609년 일본 히라도 섬에 상관商館, 외국 상인이 하는 가게이 생기고, 1610년 네덜란드 동인도회사가 히라도 섬에서 일본 녹차를 처음 구매하면서 시작되었다고 한다. 네덜란드에서는 귀족이나 부유층 소수만이 즐길 수 있는 희귀한 차 도구와 차에 관심을 기울였고, 네덜란드 식문화에는 없는 잎차를 우려내어 마시는 방법을 특권 계층만의 취미로 즐겼다. 당시 찻값은 금이나 은과 필적할 정도로 고가였으며, 은으로 만든 그릇이나 도자기에 차를 마시며 자신의 부를 자랑스럽게 뽐내었다. 이처럼 그 당시 차 문화는 지위를 나타내는 자리였기 때문에 고가의 설탕이나 사프란을 넣어 차의 가치를 높이는 것이 유행했다.

2) 영국 홍차 문화의 시작, 캐서린 왕비

영국 왕후와 귀족들 사이에서 차가 유행하게 된 계기를 만든 이는 1662년 찰스 2세Charles II와 결혼한 포르투갈 브라간사 왕족 출신인 캐서린Catherine of Braganza 왕비이다. 왕정복고를 막 이룬 찰스 2세는 나라의 재정을 정비함과 동시에 네덜란드가 동인도제도를 독점하지 못하도록 하기 위하여 포르투갈과 혼약을 맺었다. 캐서린 왕비는 7척의 배에 물건을 싣고 영국에 도착했는데, 지참금으로 인도 봄베이의 영유권 외에 대량의 설탕, 동양의 다구, 차를 가지고 왔다. 이 차는 캐서린 자신의 건강을 위한 약으로 마시는 것이었다고 한다.

■ 캐서린 왕비

3) 커피하우스 개러웨이의 차 판매

네덜란드로부터 영국으로 전해진 차는 당시 런던에서 유행하기 시작한 커피하우스에서 판매되기 시작했다. 영국 최초의 커피하우스는 1650년 한 유태인이 옥스퍼드에서 숙취에 좋은 특효약으로 커피를 팔기 시작한 것이라고 알려져 있다. 커피하우스는 후세에 『일기Diary』로 유명해진 해군 장교 새뮤얼 피프스Samuel Pepys나 변호사, 의사, 학자, 상인 등 중산층 이상의 남자들이 모여 정치나 경제 등의 정보를 교환하는 사교의 장이 되었다. 처음으로 차를 팔기 시작한 커피하우스는 1657년 런던

■ 커피하우스 개러웨이

의 토마스 개러웨이Thomas Garraway가 경영하던 '개러웨이Garraway's' 였다. 사람들이 모일 수 있는 가게 형태에서 차를 마시는 것 역시 개러웨이가 처음이라고 알려져 있다. 그 당시 찻값은 1파운드1lb, 약 454g에 6~10파운드£, 약 60~100만 원로 말도 안 되는 고가였다. 개러웨이에서 차를 판매할 당시에는 맛이나 향보다 차의 효능에 중점을 두었고, 1660년에 점주는 스무 가지가 넘는 차의 효능을 포스터로 만들어 광고를 했다. 광고의 내용은 "동양의 차는 비싸지만 차를 마시면 건강이 유지되고 장수할 수 있는 역사적인 증거가 있다"였고, 후반에는 "두통, 불면증, 담석, 권태, 소화불량, 괴혈병, 기억상실, 설사, 악몽, 복통이 예방되고 우유와 함께 마시면 폐병까지 예방되는 만병통치약"으로 소개하고 있다. '차는 동양의 신비한 약'이자 중국의 삼천 년 역사가 담긴 음료로서 차의 불가사의한 힘에 대해 영국에 전파하기 시작한 것이다.

4) 영국 동인도회사의 차 무역

동인도회사는 영국, 네덜란드, 프랑스 등 각 나라가 설립한 무역회사이다. 그중에서도 영국 동인도회사는 네덜란드에 앞서 1600년 12월 31일 엘리자베스 1세의 인정을 받고 설립되었으며 본거지는 중국이 아닌 인도였다. 네덜란드 동인도회사는 1637년에 중국청나라으로부터 정기적으로 차를 사들였다. 영국 동인도회사는 1669년 이후부터 차 무역을 시작하였는데, 포르투갈이나 네덜란드의 무역선에서 차를 수입해 영국으로 가져갔다. 1717에는 영국이 직접 중국과 차 무역을 시작하면서 영국의 커피하우스나 차 상인들의 주도로 적극적인 차 판매가 시작되었다. 영국 동인도회사가 18세기 초에 수입한 차의 종류는 녹차가 전체의 2/3를 차지하고 완전산화차인 홍차는 겨우 1/10 정도였는데, 18세기 중반에 들어서면서 압도적으로 홍차의 비율이 늘어났다. 한편, 영국 동인도회사의 홍차 수입량이 점점 늘어나 독점하는 형태를 띠면서 수입한 홍차에 관세를 붙이기 시작했으며, 이 세금은 소비량이 늘어남에 따라 급격히 올라갔다.

5) 보스턴 티 파티

18세기 중반에 들어서자 영국의 홍차 수입량은 비약적으로 늘어났다. 예를 들어 1720년 당시 홍차 총수입량은 390만 Ib_{약 177Kg}였지만 1750년경에는 3,400만 Ib_{약 1,524Kg}로 거의 10배 정도 증가하였다. 홍차의 종류는 페코_{백호}, 소총_{소종}, 공부, 보히_{무이} 등 네 가지가 있었는데, 그중 새순이 많이 포함된 양질의 홍차는 대부분 귀족들이 즐길 수 있었고 새순을 적당히 블렌딩하여 가격을 낮춘 홍차는 주로 서민들이 음용하였다.

18세기 초에는 녹차가 55%이고 홍차가 45%였는데, 18세기 중반에는 홍차가 65%이고 녹차가 34%로 압도적으로 홍차의 인기가 높아졌다. 홍차는 영국뿐만 아니라 당시 식민지였던 미국에서도 네덜란드계 이민자들이 뉴암스테르담에서 차를 유행시키며 빠른 속도로 번져나갔다. 1674년 영국에서는 홍차가 인기를 끌며 '홍차용 물'까지 거리에서 팔 정도였다고 한다. 미국이 수입한 홍차는 영국 동인도회사에서 운반되었는데, 여기에는 무거운 세금이 가해졌다. 이는 영국 의회가 거듭되는 전쟁에 필요한 비용을 만들어내기 위해 법을 개정하여 홍차에 붙이는 세금을 더욱 높여갔기 때문이다. 결국 미국 식민지 주민들은 비싼 영국 홍차 대신 네덜란드의 값싼 밀수 홍차를 찾게 되었고, 자연스레 영국 홍차의 소비가 적어지면서 세금 수입이 감소하였다. 이에 영국은 1765년 '인지조례印紙條例'를 시행하는 등 새로운 과세법을 만들었다. 그러자 미국인들은 영국 상품을 보이콧하기 시작했고, 1766년에 인지조례가 철회되었음에도 불구하고 미국인들의 반발은 가라앉지 않았다. 거기다 영국은 보이콧 운동에 대해 1773년에 식민지 무역 규제법인 '차조례'를 발표하며 무리하게 차를 미국에 떠안기게 되었다. 영국은 동인도회사

■ 보스턴 티 파티

■ 홍차 재배 과정이 담긴 일러스트들

에 독점적인 판매권을 주어 네덜란드의 밀수 홍차를 막으려는 것이었다. 미국은 이에 반발하였고, 그해 12월 미국인들이 인디언으로 분장하여 보스턴 항구에 정박해 있는 배에 올라 타 차가 담긴 박스를 바다에 버리는 사건을 일으켰는데, 이 사건이 바로 미국 독립전쟁의 시초가 된 '보스턴 티 파티Boston Tea Party'이다.

6) 아삼종의 발견과 아삼 홍차의 생산

영국 내에서의 홍차 수요가 큰 폭으로 늘어나면서 동인도회사의 차 무역은 해를 거듭할수록 증대되었고, 한편으로는 수입한 차의 대가로 유출되는 은으로 인해 무역적자가 표면화되고 있었다. 1820년대에 들어서면서 런던에서는 인도 지역 차 재배를 장려하는 여론이 높아졌다. 1820년 인도의 무굴 제국은 영국군의 힘을 빌려 아삼 지역을 지배하는 버마오늘날의 미얀마의 제압에서 벗어났는데, 이때 동인도회사 군대의 일원으로 아삼 지역에 들어간 사람이 스코틀랜드의 로버트 브루스Robert Bruce 소령이다. 그는 1823년, 시브사갈Shiv sagar에서 싱포족The Singpho 족장과 만나 지속적인 관계를 통해 차나무와 식물 샘플을 얻어 연구를 시작하였고, 그 내용을 남동생인 찰스 브루스Charles A. Bruce에게 전했다. 1824년 로버트 브루스가 아삼차의 발견자로 이름을 남기고 사망하자, 버마 전쟁에 참전하기도 했던 찰스 브루스는 형의 유지를 이어 차농원을 설립해 아삼차 생산에 성공하여 새로운 홍차를 탄생시켰다.

7) 아편전쟁

차의 무역 규모가 방대해지고 청나라에서 '영국인은 홍차 없이는 생활할 수 없다'고 믿는 정도가 되었을 무렵, 차 수입의 증대는 영국이 가지고 있던 막대한 은을 유출시켰다. 영국은 차와의 물물교환을 위해 모직물이나 시계, 망원경 같은 제품을 가져갔지만 청나라에서는 관심을 표하지 않았다. 긴 세월 동안 청나라가 받아들인 것은 은뿐이었기 때문에, 19세기에 이르자 영국의 은 보유량은 급감하였고 찻값을 지불하기 위한 대체 물품이 필요하게 되었다. 여기서 나온 대체품은 인도에서 재배하고 있는 아편이었다.

1834년 당시 매년 1만 6천 박스의 아편이 청나라로 출하되었으며 1839년에는 4만 박스까지 증가했다. 1838년, 청나라는 아편금지를 발표하지만 뇌물을 받은 관료들과 상인의 상황은 점차 심각해졌다. 1839년 청나라 정치인인 임칙서林則徐는 아편금지 명령을 받고 광저우에서 영국의 아편을 몰수한 뒤 소각하였는데, 이것을 계기로 영국과 청나라 사이에 아편전쟁이 발발했다. 1840년, 영국 해군은 광저우에 다다랐고 마카오, 샤먼廈門, 하문, 상하이上海, 상해까지 연달아 함락시켜 청나라는 패전하게 된다.

1844년 8월, 남경조약이 맺어지고, 영국은 홍콩을 차지함과 동시에 다른 항구도 개항시켜 일시적으로 경제력이 강화되었다. 하지만 1844년, 미국과 프랑스가 청나라와 통상조약을 맺어 홍차 무역은 자유경쟁 시대를 맞이하게 되었다.

■ 아편전쟁

8) 다즐링 홍차의 시작

영국은 중국종에 대한 미련을 버리지 못하고 1841년 캠벨 박사를 통해 중국종 차나무를 다즐링 지역에 심었다. 이 중국종은 추위에 강했기 때문에 히말라야 지대인 다즐링 지역에서 잘 견디어 특유의 향기 성분과 맛을 만들어내는 찻잎을 생산했다. 캠벨 박사의 후원 아래 1848년 영국의 식물학자 로버트 포춘Robert Fortune은 청나라 상인으로 변장해 청나라의 차 제조 방법을 알아냈고, 녹차뿐만 아니라 홍차 생산 지역을 찾아다니며 차종자와 모종을 획득해 워드 상자Ward's case에 넣어 광동에서 홍콩을 거쳐 캘커타로 보냈다. 이렇게 얻게 된 중국종 차나무는 다즐링 지역에 1만 2천 주가 심어지게 되면서 본격적인 다즐링 다원을 조성하게 되었다.

■ 로버트 포춘　　　　　■ 차를 경작하는 모습을 그린 일러스트

 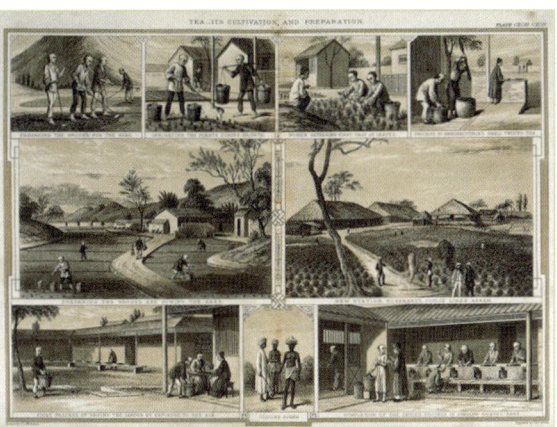

9) 티 클리퍼의 활약과 수에즈 운하

동인도회사가 중국 무역을 독점하고 있던 때는 중국에서 런던으로 운반하는 배의 속도는 큰 문제가 되지 않았지만, 1833년 무역이 자유화되고 1844년 미국을 시작으로 각국이 통상조약을 맺어 1849년 항해법이 철폐되면서 자유경쟁에 박차가 가해졌다. 이로 인해 각국의 배가 중국에서 런던까지 얼마나 빠르게 차를 운송하는지가 경

쟁의 쟁점이 되었다. 당시 영국 동인도회사의 배는 함선으로서의 역할이 컸기 때문에 속도가 늦은 반면 미국이 개발한 신형 배는 속도가 매우 빨라 차 운반에 많이 사용되기 시작했다. 그 후 1841년, 영국에서도 속도를 우선으로 한 쾌속선인 티 클리퍼Tea Clipper를 만들기 시작했다. 1850년 12월 미국이 자랑하는 오리엔탈호는 홍콩을 출항하여 95일이라는 기록적인 속도로 영국에 도착했는데, 배에 실린 차의 양이 영국 배의 2배 정도가 되어 좋은 평판을 받게 된다.

이에 대항하기 위해 영국은 1853년 케안검호를 만들어 미국 배에 승리하였고, 그 중에서도 유명한 대결은 1866년 5월에 벌어진 티 레이스Tea race이다. 이 경쟁에 참가한 배는 에리엘호, 테핀호, 사모피리오, 세리카호 등 11척으로 격렬한 레이스를 펼쳤다. 그들은 99일에 걸쳐 템즈강의 항구에 도착했는데, 1위인 에리엘호와 테핀호는 약 20분의 차이로 상금은 양측이 절반씩 가져갔다. 그러나 1869년부터 범선에서 증기선의 시대로 바뀌고 수에즈 운하의 개통까지 이어지면서 티 클리퍼의 시대는 막을 내리게 된다.

1869년 11월 17일에 수에즈 운하가 개통되었으며 이 운하의 개통으로 티 클리퍼의 범선 시대는 끝이 났다. 수에즈 운하는 증기선만 통행이 가능했는데, 이는 운하의 폭이 좁아 배가 바람에 의해 좌우로 움직이기 때문에 사고를 피하기 위해서였다. 또한 바람의 방향에 따라 범선은 선 채로 오도 가지도 못해 통행불가가 될 수도 있었기 때문이다. 수에즈 운하의 개통으로 인하여 범선에서 증기선의 시대로 변하였고, 항로도 희망봉을 한 바퀴 도는 기존 루트보다 훨씬 가까운 거리가 되면서 시간도 단축되었다. 덧붙여서 말하면, 티 클리퍼는 중국에서 런던까지 약 3개월 정도가 걸렸지만, 증기선으로 운하를 통과하면 단 28일밖에 걸리지 않았다.

티 클리퍼의 시대가 끝남과 동시에 인도의 아삼에서는 차 재배에 성공하여 소비가 매년 증가하였고, 영국에서 마시는 홍차의 주생산지는 중국에서 인도로 바뀌기 시작했다. 그리고 영국은 인도에 이어 식민지인 실론섬스리랑카에서도 차 재배에 성공하며 홍차 생산에 박차를 가했다. 영국은 차의 원조라고 생각하는 중국차를 원했지만 자신들이 손수 만든 인도와 실론 홍차로 소비 형태를 바꿔나갔다.

10) 실론티 재배

실론당시 영국의 식민지 명칭, 현재의 스리랑카은 1845년경부터 스코틀랜드의 많은 개척자들이 이주하였고, 1857년에는 8만 에이커ac, 약 324㎡ 이상의 토지가 개척되어 커피 농원이 되었다. 그 무렵 이미 인도의 아삼에서는 홍차 재배에 성공해 차의 수요가 늘어가고 있는 반면, 커피를 재배하는 자바 섬에서는 커피녹병Coffee leaf rust으로 커피의 잎이 마치 철이 녹스는 것과 같은 색이 되면서 다 떨어지고 줄기마저 말라버리게 되었다. 이 커피녹병은 실론뿐만이 아니라 아프리카, 인도, 말레이시아 섬에까지 퍼져 커피 농원의 피해는 커져만 갔다. 농원 주인들은 필사적으로 병충해를 막아보려 했지만 새로 묘목을 심어도 금방 다시 말라버려 손 쓸 방법이 없었고, 결국 커피 농원들은 잇달아 파산해갔다.

19세기 중반, 인도나 실론에 다원이나 커피 농원을 가지고 있다는 것은 영국인의 꿈과도 같았다. 많은 스코틀랜드인이 새로운 농원을 개척했는데, 스코틀랜드 출신의 제임스 테일러James Taylor도 그중 한 명이었다. 1852년 17세의 나이에 영국을 떠나 실론 캔디Kandy의 산간 지대에 있는 룰레콘데라Loolecondera의 커피 농원에서 일을 시작하게 된 테일러는 어린 나이임에도 불구하고 직원들로부터 능력을 인정받았다. 식물 재배에 소질이 있는 테일러는 말라리아 치료에 효과가 있는 작물인 기나나무Cinchona 재배를 맡아 성공적으로 해냈으며, 1866년에는 인도를 방문해 차 재배를 배우기도 하였다.

1867년, 룰레콘데라에 자신의 농원을 가지게 된 테일러는 본격적으로 커피와 차 재배를 시작했고, 인도에서 재배에 성공하기까지 15년 이상 걸렸던 차나무 재배를 단 1~2년 만에 성공시켰다. 그는 새로운 유념기를 만들고 묘목을 교배시켜 환경에 강한 품종을 키웠다. 테일러는 차 재배 기술을 사람들에게 전수했고, 커피 병충해로 죽어 있던 커피 농원들은 다원으로 재기할 수 있게 되었다. 실론 사람들은 이를 계기로 제임스 테일러를 '실론 차의 신'이라고 부르게 되었다.

11) 본차이나의 발견과 유럽 도자기 생산

18세기 이후 중국차와 함께 중국 도자기 수출이 확대되자 유럽은 중국 도자기를 모방하고자 노력하였으나 고령토高嶺土, 카올린를 구하기 어렵고 가마 온도를 1300℃가 넘는 고온으로 끌어올리는 기술이 부족했다. 하지만 1709년 독일에서 연금술사인 요한 뵈트거Johann Friedrich Böttger가 중국 자기에 매료되어 있던 아우구스트 2세August der Starke, 작센의 선제후이자 폴란드 왕의 명을 받고 7년여의 연구 끝에 유럽 최초의 백자경질 자기를 만들어내는 데 성공했다. 이후 드레스덴 인근의 마이센에 자기 공장이 세워지고 뵈트거는 공장 책임자로 임명되었다.

1748년에는 영국의 토마스 프라이Thomas Frye가 도토陶土와 소뼈 가루를 혼합하여 본차이나bone china를 만들어냈다. 본차이나는 중국산 자기와 경쟁할 수 있을 만큼 품질이 좋고 가벼웠지만 상업적인 성공을 거두지는 못했다. 그 뒤를 이어 조지아 스포드Josiah Spode가 기존의 단점을 보완하여 오로지 뼛가루만 원료로 사용한 '파인 본차이나Fine born china'라는 더욱 발전된 개념을 만들어냈다. 본차이나는 빠르게 성장하며 인기를 끌었고, 다른 자기 제조업자에게도 영향을 미쳤다. 이후 영국의 스포드Spode와 웨지우드Wedgwood, 독일의 마이센Meissen, 네덜란드의 델프트Delft 등 각 지역별로 여러 브랜드가 생겨났고, 중국 청화백자의 색상과 패턴이나 일본의 이마리伊萬里 양식, 그리스 · 로마 신화에서 영감을 얻은 웨지우드 제스퍼Jesper 등 다양한 디자인을 즐길 수 있게 되었다. 중국에서 시작된 도자기는 이제 유럽의 찻잔과 티 포트, 식문화뿐만 아니라 정원 장식 등 생활 곳곳에 영향을 미치게 되었다.

12) 애프터눈티의 확대

중국의 홍차 외에 영국인이 아삼에서 만든 홍차가 본국에 들어오기 시작할 무렵, 귀족 사회에서는 지금까지 없었던 화려한 홍차 문화를 만들어가고 있었다. 특히 1845년 7대 베드포드 공작부인 안나 마리아Anna Maria Russell가 시작한 애프터눈티Afternoon tea, 오후의 홍차가 가장 대표적인 차 문화이다.

18세기 초만 해도 차는 매우 고가의 물건으로 차 한줌과 은 한줌이 동등한 가치일 정도였다. 당연히 서민 가족이 단란하게 차를 즐길 수 있는 상황은 아니었고, 특수 계층의 사람만이 차를 가질 수 있었기 때문에 손님에게 차를 대접하는 것은 권력의 상징이라고 불리는 시대였다.

■ 안나 마리아

■ 티 캐디 박스

차는 마호가니 등으로 튼튼하게 만들어진 티 캐디 박스Tea caddy box에 넣어 훔쳐가지 못하도록 열쇠를 걸어 보관하였다. 손님이 오면 집사에게 티 캐디 박스를 가져오게 한 다음, 열쇠를 꺼내 티 캐디 박스를 열며 손님에게 차를 자랑스럽게 보여주곤 했다. 당시 차와 같이 귀하게 취급되는 고가의 물건은 설탕과 향신료였는데, 설탕을 충분히 사용할 수 있는 귀족은 그것 또한 자랑이었다. 설탕을 많이 먹은 탓에 충치가 생겨 이가 검게 되면 금으로 만든 이쑤시개로 이를 쑤시며 충치를 자랑하기도 했다. 고가의 차에 어울리는 값비싼 설탕은 귀족의 절찬을 받는 물건이었다.

다음 그림은 귀부인의 뒤쪽 탁자에 얀이라 불리는 물을 끓여주는 주전자가 있고 그곳에서 뜨거운 물을 넣고 있는 광경이다. 탁자 위에 아직 샌드위치나 스콘 같은 티 푸드가 보이지 않는 것으로 보아 차만 간단히 즐기던 초기의 애프터눈티 파티 장면이다. 중앙의 귀부인이 내미는 차를 신사가 매우 공손하게 양손으로 받고 있는데, 귀부인의 왼손에 설탕이 가득 담긴 통을 쥔 것으로 보아 그만큼 부유한 계층인 것을 알 수 있다.

그 당시 귀족들은 아침에 일어나면 베드티Bed tea를 마시고 잉글리시 브랙퍼스트English Breakfast라고 하는 화려하고 든든한 조식을 먹었다. 그 후에는 피크닉이 있으면 가볍게 점심을 먹는 정도이고 그 외에는 저녁 식사 전까지 아무것도 먹지 않았다. 한편, 음악회나 연극 관람 등으로 저녁 식사 시간이 늦어지면 그 사이에 배가 고팠기 때문에 안나 마리아 공작부인은 구운 과자나 샌드위치를 먹으면서 허기를 채우고 홍차를 즐겼다. 어떤 때

■ 차를 대접하는 귀부인

■ 티와 티푸드

■ 애프터눈티를 즐기는 사람들

는 손님들에게 홍차나 음식을 대접하고 함께 즐기기도 하였는데, 이 '애프터눈티'는 공작부인의 살롱의 명물이 되었다.

애프터눈티를 대접하는 공간인 응접실의 낮고 작은 테이블은 당시 유행 중이던 중국 도자기와 다구를 두는 것만으로도 버거워 음식을 놓을 수 없었다. 이를 개선하기 위해 접시를 3단으로 올릴 수 있는 트레이가 고안되기도 했다. 이렇게 차츰 퍼져 나간 애프터눈티는 오늘날에도 호텔이나 레스토랑 등에서 쉽게 즐길 수 있는 대표적인 티 문화로 자리 잡게 되었다. 애프터눈티는 청과 금색으로 장식된 공작의 저택 응접실에서 시작되어 당시에 곁들었던 손으로 집기 좋은 샌드위치나 스콘, 쁘띠 케이크 등이 지금까지 이어져오고 있다.

다음은 스코틀랜드의 글래스고Glasgow에서 태어나고 자란 기계기술자 제임스 와트James Watt가 소년 시절에 식탁에서 부모님과 애프터눈티를 즐기던 중, 주전자에서 나오는 수증기를 스푼으로 막고 무엇인가를 골똘히 생각하고 있는 장면을 그린 그림이다. 이 장면은 중산층 가정의 애프터눈티를 대표하는 것이기도 하다.

부모님과 같이 둘러앉은 식탁은 크고 높아서 와트의 발이 바닥에 닿지 않는다. 좀 더 부유한 가정이라면, 차를 응접실에서 마시므로 탁자가 낮고 작은 티 테이블이 따로 있다. 중산층이 홍차를 마시는 곳은 그림처럼 주로 식탁High table이기 때문에 'High'

■ 하이티를 즐기는 제임스 와트 가족

를 따서 스코틀랜드에서는 '하이티High tea'라는 이름이 생겼다고 전해진다. 이렇듯 홍차를 마시는 문화는 중산층뿐만 아니라 일반 서민들에게까지 급속히 확산되었다.

13) 티백의 개발

티백Tea bag은 현재 차를 마시는 가장 대중적이고 보편적인 방식으로, 유통된 지 100년도 채 지나지 않았으나 보급률이 영국에서는 약 80%를 넘어서고 있다.

티백의 시작에는 다음과 같은 이야기가 전해진다. 미국의 차 수입상들은 차를 판매하기 위해 소량의 차를 주석 용기에 넣은 샘플을 만들어 소매상인들에게 보냈고, 상인들은 이 샘플 차를 시음한 뒤 주문을 하곤 했다. 그런데 1908년, 어느 차 수입상이 비싸고 불편한 주석 용기 대신에 주석보다 값이 저렴한 비단 주머니에 찻잎을 넣어 소매상인들에게 보냈고, 상인들은 비단 주머니째로 차를 우리게 되었다. 비단 주머니에 넣어 우린 차는 차 찌꺼기를 버릴 필요가 없어 편리하다는 것을 깨달은 이들은 그 이후부터 차와 함께 비단 주머니도 주문하게 되었다고 한다. 이 비단 주머니가 후에 종이로 바뀌어 현재의 티백이 되었다. 처음에는 주머니를 구입해 따로 홍차를 채워 넣었으나, 1935년 기계로 티백을 제조하기 시작하면서 오늘날 다양한 모양의 티백이 시장에 유통되게 되었다.

티볼Tea ball은 거즈에 찻잎을 둥글게 싸서 입구를 실로 조여 맨 것이고, 티백은 거즈 두 장 겹쳐 자루 모양으로 꿰맨 후 거기에 차를 채워 주머니의 입구를 봉한 것으로 마치 작은 가방처럼 생겼다. 티백은 포트에서 꺼내기 쉽도록 실을 매달고, 그 끝에 라벨을 붙여 사업자의 이름이나 홍차의 명칭, 상표 등을 기록했다.

미국에서는 1920년대에 들어 티백이 제품화되어 보급되었고, 빠르고 간편하면서도 균일한 맛을 내기 때문에 사람들에게 많은 사랑을 받으며 수요가 급격히 늘어갔다. 전통을 중시하는 영국이나 프랑스 차 업체들이 티백에 대해 고민할 때, 립톤Lipton은 편리한 티백을 적극적으로 받아들여 여러 나라로 대량 수출하면서 세계적인 차 회사로 발전하게 되었다. 지금은 일반적인 티백에서 벗어나 티백의 간편함과 찻잎의 맛을 잘 느껴질 수 있도록 만든 삼각 티백이나 수제 싱글백 등 다양한 형태로 발전되고 있다.

■ 티볼

■ 다양한 티백

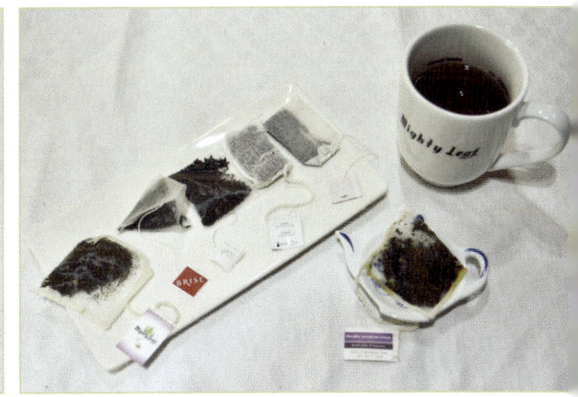

TEA
MASTER
티마스터

2장

티의
분류와
제조

산화/발효에 따른 분류

1. 산화와 발효의 정의

차의 산화Oxidation란, 찻잎 속의 폴리페놀Polyphenols이 산화효소Polyphenoloxidase 작용으로 테아플라빈Theaflavin과 테아루비긴Thesrubigin, 테아브로닌Theabrownin 등으로 변하며 특유의 맛과 향을 형성하는 과정을 말한다. 일반적인 차의 산화는 미생물에 의한 것이 아닌 산화효소로 인한 작용이다. 그런데 잎의 엽록체에 존재하는 산화효소는 열에 불안정하므로 열을 가해 이를 파괴시켜 안정화하여 제조하는 것이 녹차이다. 한편, 찻잎의 표면에 존재하는 폴리페놀과 산화효소가 접촉할 수 있도록 찻잎의 조직을 파괴하여 산화를 촉진시켜 제조하는 것이 홍차이다. 흑차는 살청을 통해 산화를 일부 억제하고 찻잎에 발효가 일어날 수 있는 조건을 조성하여 숙성시켜 만들기 때문에 기존의 효소 작용에 의한 산화와는 차이가 있다. 때문에 이는 발효Fermentation라고 부르며 산화와 구분하고, 이를 통해 녹차, 백차, 청차, 홍차, 흑차, 황차, 즉 6대 다류로 나뉜다.

2. 산화에 따른 분류

찻잎 속의 폴리페놀과 산화효소의 작용으로 의한 산화는 그 정도에 따라 다양하게 구분되는데, 이를 중국에서는 녹차, 백차, 청차, 홍차로 구분한다.

✪ 산화에 따른 차의 분류

●생잎

딴 잎은 장기 보존이 어렵기 때문에 바로 공정 과정을 시작해야 한다. 공장을 가지고 있지 않은 농가에서는 생잎만을 판매하기도 한다.

완전산화차

●홍차

연한 갈색부터 검은 갈색, 검은 색에 가까운 색이 될 때까지 다양한 산화도의 차가 존재한다. 특히 중국에서는 완전히 산화시키는 경우가 대부분이다. 꽃이나 과일을 연상시키는 향도 산화를 통해 생겨난다.

부분산화차

●청차

말 그대로 부분적으로 산화시킨 찻잎으로 만드는 차이다. 산화도가 20%부터 80%까지 다양하여 녹색부터 갈색 등 다양한 색을 띤다.

비산화차

●녹차

차를 만드는 공정에 산화를 시키지 않고 찌거나 덖어서 건조시키는 것으로 산화를 막고 있다. 다만 덖을 때 다소 자연 산화가 일어난다.

1) 비산화차 : 녹차

인류가 가장 처음 차로 음용해왔던 녹차의 특징은 찻잎을 그대로 살리기 위해 증기로 찌거나 솥으로 덖는 살청殺靑 과정을 통해 싱그럽고 은은한 찻잎 특유의 향과 맛, 수색을 잘 살려낸 것이다. 주로 일본, 중국, 한국에서 생산되고 있다.

2) 부분산화차 : 백차, 청차

(1) 백차

중국 특유의 산화도가 약한 차로서 푸젠성에서 주로 제조되며 대백, 수선백 등 소백이라 불리는 싹이 희고 솜털이 많은 종류의 차나무로 만들어진 차이다. 백차는 맑고 투명한 수색과 은은하고 부드러운 꽃향기와 단맛이 특징이다. 최상품 찻잎은 흰색 털이 뒤덮인 '은침銀針'이라 불리며 새순을 많이 함유하고 있다. 주로 백호은침, 백모단, 수미로 구분된다.

(2) 청차

명나라 말에서 청나라 초에 발견된 차의 종류로 녹차가 진화하여 만들어졌다. 청차는 향기를 만드는 위조와 요청 과정을 거치며 찻잎을 산화시킨 뒤, 살청으로 산화를 억제하는 과정에서 만들어져 부분산화차라고 불린다. 산화의 정도에 따라 산화도가 낮은 포종차, 산화도가 높은 대홍포, 동방미인 등 중국과 대만에서 주로 생산되며 그 종류가 매우 다양하다.

청차는 제조 방법과 찻잎의 형태品種에 따라 다양한 품질로 나뉘어 구분하기도 한다. 산화도가 높은 청차는 탄배炭焙, 열을 가해주는 과정로 인해 수색이 갈색에 가까우며 강한 맛과 향을 가지는 경향이 있고, 산화도가 낮은 청차는 수색이 비교적 맑고, 다양한 꽃 혹은 과일 향이 넓게 퍼지며 풍부한 단맛, 쓴맛, 떫은맛의 조화를 즐길 수 있다.

3) 산화차 : 홍차

일반적으로 홍차를 뜻하며 중국에서는 대부분 산화도를 높여 생산되어 완전산화차라고 불린다. 인도 및 스리랑카의 경우 해발고도에 따라, 제조 방법에 따라 산화도가 다양하게 만들어져 홍차를 우려냈을 때 오렌지색이나 갈색, 붉은색, 검은색 등의 다양한 수색을 띤다. 찻잎은 산화되면 녹색에서 점차 갈색, 붉은빛으로 변하는데, 산화 정도에 따라서 찻잎의 색과 수색의 정도가 달라진다. 찻잎을 따서 먼저 위조萎彫를 거친 뒤 찻잎을 유념柔捻하여 산화가 일어나기 쉬운 조건을 만들어준 후 산화 과정을 거치고 난 찻잎을 건조시키면 홍차가 완성된다. 세계 3대 홍차로는 중국의 기문祁門, 인도의 다즐링, 스리랑카의 우바 등이 있다.

■ 산화도에 따라 다양한 수색을 가지는 홍차

3. 발효에 따른 분류

1) 황차

고대부터 명산지에서 나는 차로 유명하였으나 대부분이 도태되어 일부 종류가 남아서 현재까지 제조되고 있다. 가벼운 발효 공정을 거친 찻잎은 우려낸 수색이 황색이라 황차라 불린다. 특유의 맑은 향과 풍미, 노란빛 수색을 가지며, 대표적인 황차로는 어린 싹으로 만든 군산은침과 몽정황아, 어린 싹과 잎으로 만든 북항모첨 등으로 구분된다.

2) 흑차

흑차는 18세기 청나라 북방의 소수민족인 위그루족, 티벳족, 몽골족에 의해 만들어지기 시작했다. 현재는 녹차, 청차, 홍차 등과 함께 중국의 대표적인 수출품이다.

흑차의 산지는 후난, 후베이湖北, 호북, 윈난, 쓰촨, 장시江西, 강서 등이며 육보차, 천량차 등과 함께 특히 윈난성이 집산지로 알려진 '보이차'가 유명하다. 예전에는 자연 발효시켰으나 1970년대 이후에는 곰팡이균을 사용해 악퇴발효 기술을 개발하여 상업적으로 만들어지고 있다.

4. 산화에 따른 차의 성분 변화

1) 생잎의 화학 성분

채엽한 생잎에 함유되어 있는 주요 화학 성분은 탄수화물 약 45%, 지질 약 5%, 미네랄 약 5%, 비타민 등이 있으며, 그 밖에 특유의 쓰고 떫은맛과 색을 내는 카테킨Catechin 약 13%, 카페인Ccaffeine 약 2%, 테아닌Ttheanine 등이 있다. 폴리페놀 성분 중 특히 녹차의 카테킨은 오래전부터 탄닌Tannin이라 불렸으나 찻잎에 함유된 탄닌 성분은 소량으로 밝혀지며 최근에는 차 폴리페놀Polyphenol이라 불린다.

폴리페놀이란, 페놀기를 2개 이상 함유한 것으로 단백질과 잘 결합하는 물질을 말한다. 딸기나 가지, 포도, 검은콩, 팥 등 과일이나 채소에서 볼 수 있는 붉은색이나 자색의 안토시아닌Anthocyanin 색소, 커피에 들어 있는 클로로겐산Chlorogenic acid 등이 모두 폴리페놀 화합물이다. 과일과 채소, 카카오, 적포도주에 들어 있는 폴리페놀은 건강에 도움이 되는 다양한 효능을 가지는 물질로 주목받고 있으며 차에는 녹차류에 많이 포함된 카테킨류, 홍차류에 함유된 테아플라빈류, 후발효차에 함유된 테아브로닌등이 이 같은 폴리페놀에 속한다. 보통 찻잎을 물에 우려낼 때 맛과 향, 우려낸 수색에 영향을 주는 성분은 주로 수용성 성분인 이 폴리페놀류와 카페인, 유리아미노산과 당류, 비타민C 등으로 구성된다.

2) 차의 성분 구성

(1) 차 폴리페놀

차의 쓴맛과 떫은맛을 내는 주요 성분으로서 탄닌이라 불렸으나 최근 화학 분류 기술의 진보로 다양한 형으로 존재하고 있음을 확인하게 되었다. 차의 생엽에 함유된 폴리페놀의 90% 이상은 여덟 가지로 구성된 카테킨류로 구성된다.

○ 녹차의 카테킨 EGCg 구조식

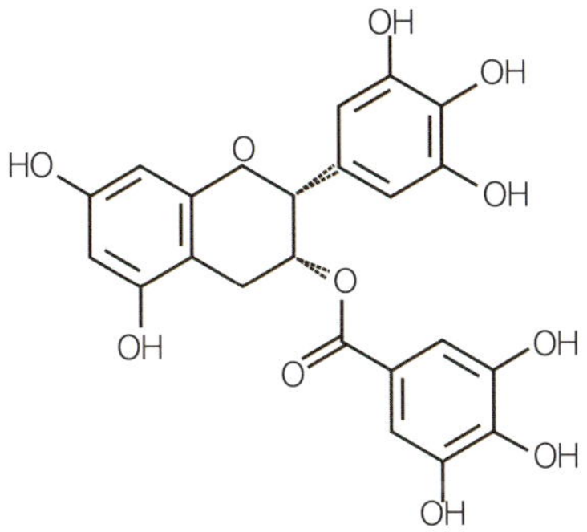

EGCg(Epigallocatechin 3-O-gallate)

○ 녹차 폴리페놀

구분	함량(%)
Epigallocatechin 3-O-gallate(EGCg)	50~60
Epicatechin 3-O-gallate(ECg)	12~16
Epigallocatechin(EGC)	13~17
Eplcatechin(EC)	7~9

① 녹차의 폴리페놀

녹차의 대표적인 폴리페놀 중 카테킨류는 EGCgEpigallocatechin 3-O-gallate, ECEpicatechin, ECgEpicatechin 3-O-gallate, EGCEpigallocatechin 등이 주요하게 포함되어 있다. 차의 생잎에 포함된 폴리페놀이 산화효소에 의해 차 제조 공정 중 다양한 화학 변화가 생기는데, 이를 산화라고 한다. 이때 찻잎 속에 함유된 폴리페놀의 형태와 함유량이 다양하게 변화되어 맛과 향에 영향을 주게 된다. 카테킨류는 무색, 무취의 결정으로 찬물에서 녹기 어렵고 뜨거운 물에서 잘 녹는 특성을 가지고 있으며 유리형 카테킨과 에스테르형 카테킨으로 구분된다.

② 홍차의 폴리페놀

녹차에서 주로 발견되는 폴리페놀인 카테킨은 산화를 거치면서 그 양이 줄어드는 대신 테아플라빈과 테아루비긴이라는 폴리페놀이 생성되며 독특한 맛과 향, 색을 가지게 된다. 산화가 진행될수록 테아플라빈은 오렌지색이나 적색을 띠고 홍차의 상쾌하고 깊고 풍부한 떫은맛을 낸다. 테아루비긴은 진한 갈색이나 적갈색을 띠게 된다. 이 같은 성분은 제조 방법에 따라 생성되는 함량에 차이가 있는데, 정통 제법오서독스으로 제조된 홍차보다 잎이 많이 잘려서 제조되는 CTC 제법으로 생산된 홍차에 테아플라빈과 데이루비긴 함량이 약 3배 이상 많다. 이 함량은 CTC 홍차의 쓰고 떫은맛을 만들어내는 데 영향을 미친다.

폴리페놀 구성

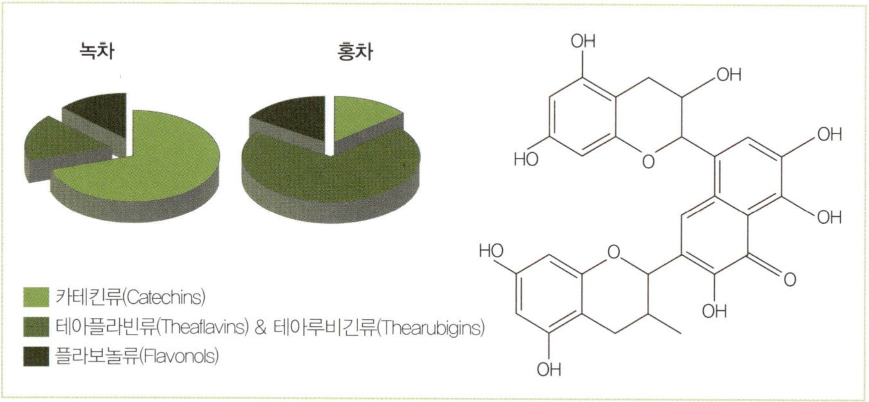
녹차
홍차
카테킨류(Catechins)
테아플라빈류(Theaflavins) & 테아루비긴류(Thearubigins)
플라보놀류(Flavonols)
OH
HO
O

(1) 카페인

카페인은 차나무의 싹과 어린잎, 뿌리에 많이 함유되어 있으며 그 농도는 봄에 최대이고 잎의 성장에 따라 감소하다가 여름에 최대가 된다녹차 일반 1.75%, 홍차 일반 2.5%. 한편, 홍차의 산화 과정에서 카페인이 생성되기도 한다. 카페인은 물의 온도에 따라 용출되는 양이 달라지는데, 온도가 높을수록 많이 우러나며 품종에 따라 함유량이 다르다. 카페인은 신장의 혈관을 확장시키는 작용을 하는데, 이때 혈액이 노폐물을 이동시켜 이뇨작용을 촉진시킨다. 또한, 잘 알려져 있듯이 대뇌 자극 작용으로 두뇌 각성과 피로회복에 도움을 준다.

(2) 아미노산

식물의 성장에 꼭 필요한 물질 중 하나인 아미노산류는 감칠맛을 내는 성분으로서 차의 품질을 좌우한다. 생잎의 총 질소 함량 가운데 약 20%가 카페인이며 그 외의 질소화합물에는 아미노산, 단백질 등이 있다. 단백질은 차의 제조 공정 중에 탄닌과 결합하거나 가열 중에 응고되어 차의 침출액에는 거의 용출되지 않지만, 아미노산은 수용성이기 때문에 물에 용출되어 차의 맛에 영향을 준다.

유리아미노산은 차의 독특한 감칠맛과 향미 성분의 주요 성분으로 약 25%의 아미노산이 함유되어 있다. 아미노산의 일종인 테아닌L-theanine은 차에만 존재하는 유익한 물질로서 전체 유리아미노산류의 절반 정도를 차지한다. 그 외에 주요 아미노산으로는 글루타민산Glutamic acid, 아르기닌산Arginin, 아스파라긴산Asparaginic acid, 글루타민Glutamine, 세린serine 등이 있다. 이 같은 아미노산은 차를 우려낼 때 다양한 감칠맛에 영향을 준다. 특히 차에 함유된 유리아미노산 중에는 우리 몸에서 생산되지 않아 음식을 통해 섭취해야 하는 필수 아미노산이 다량 함유되어 있다. 이 필수아미노산과 유리아미노

⊙ 테아닌(L-Theanine)

산은 산화를 많이 시킨 차일수록 증가하는 것으로 밝혀졌다.

(3) 비타민류

생잎에 포함된 비타민류는 소량으로 생리작용을 원활하게 하기 위해 필요한 유기화학물이다. 비타민류는 대부분 생체 내에서 생성되지 않으므로 식품으로 섭취해야 하는 성분이다. 생잎에는 비타민B1, 비타민B2, 비타민C, 비타민E, 카로틴비타민A 등이 함유되어 있다. 특히 녹차에 들어 있는 비타민C는 90%가 괴혈병 등에 효과가 있는 환원형이다. 녹차의 비타민C는 단백질과 결합한 상태로 존재하므로 다른 일반 채소에 함유된 비타민C에 비해 안정적인데, 3회 정도 우려내어 마셔야 녹차 속에 포함된 비타민C를 대부분 섭취할 수 있다.

◑ 차의 수용성 성분과 불용성 성분 함량

수용성 성분	함량	수용성 혹은 불용성	함량	지용성 성분	함량
차 폴리페놀 (카테킨류)	11~24%	미네랄	5.00%	지방	4.70%
카페인	1.6~3.5%	칼슘	0.40%	클로로필	0.60%
유리아미노산	1.6~3.0%	인	0.30%	카로틴	13~29mg%
유기산	2.0~3.0%	칼륨	2.20%	비타민E	25~70mg%
당류	0.8~2.5%	마그네슘	0.20%	정유	소량
수용성 펙틴	0.7~2.0%	망간	30~80mg%	불용성 성분	함량
플라보노이드	0.6~0.7%	아연	2~5mg%	단백질	24.50%
비타민C	0.3~0.5%	단백질	24.50%	식물섬유 수용성	7.6~11.5%
사포닌	0.20%			식물섬유 불용성	23.4~33.3%

※함량의 %는 100g 중의 g을 표시함. mg%는 100g 중의 mg의 양을 표시함.

(4) 미네랄류

찻잎에는 칼슘, 칼륨, 인, 망간, 아연, 구리 등 미네랄류가 다양하게 함유되어 있다. 미네랄은 생체 내에서 생성되지 않아 식품으로 섭취해야 하는 성분 중 하나이며 차의 생잎에 미량이 함유되어 있다. 생잎에는 미네랄 성분 중에서도 특히 칼륨이 다량 함유되어 있는데, 칼륨은 나트륨을 배출하는 능력이 있어 고혈압 및 생활습관병 예방에 도움을 준다.

3) 차의 맛과 향

■ 차의 맛과 향을 테이스팅하는 과정

(1) 차의 맛을 좌우하는 성분

우리가 음용하는 녹차를 비롯한 다양한 종류의 차는 특유의 맛을 지니고 있는데, 이 맛에 영향을 미치는 성분은 다음과 같다.

① 녹차

녹차의 쓰고 떫은맛에 가장 많은 영향을 주는 성분은 카테킨류이다. 이 카테킨류 가운데 유리형 카테킨류인 에피갈로카테킨EGC, 에피카테킨EC의 영향으로 떫은맛과 산뜻한 느낌을 함께 주어 쓴맛이 온화해진다. 이 같은 카테킨류는 대부분 녹차의 맛과 향에 영향을 주는데, 특히 카테킨이 지닌 쓰고 떫은맛이 많아지면 감칠맛이 적게 느껴지고 전체적인 풍미가 떨어지게 된다.

녹차의 단맛과 감칠맛에 영향을 주는 성분은 아미노산류이다. 약 25여종의 아미노산류 가운데 약 60% 이상이 테아닌이고, 이외에 글루타민산, 아스파라 긴산, 아르기닌, 세린 등으로 구성된다. 그리고 이들이 전체 아미노산의 약 90%를 차지한다. 특히 고품질의 녹차일 경우 이 아미노산의 감칠맛이 큰 기여를 한다. 카테킨의 쓰고 떫은맛에 테아닌의 감칠맛과 산뜻한 단맛을 내는 유리당류가 합쳐져 부드럽고 깔끔한 맛을 내기 때문이다.

◐ 차의 맛에 영향을 주는 성분

성분	맛
차의 폴리페놀(카테킨) 유리형 EC EGC 에스테르형 ECG EGCG	쓴맛 쓴맛 떫은맛, 쓴맛 떫은맛, 쓴맛
아미노산류 테아닌 글루타민산 아스파라긴 알기닌	단 감칠맛 신 감칠맛 신맛 쓰고 단맛
카페인	쓴맛
유리환원당, 다당류	단맛
유기산, 비타민C	신맛

녹차의 쓴맛에 영향을 주는 요인은 카페인으로, 쓴맛이 강하지만 뒤까지 끌리지 않는 상쾌한 패턴의 쓴맛이다. 사포닌Saponin 또한 혀끝을 자극하는 쓴맛과 함께 약간의 감칠맛이 있는데, 이는 품질이 높은 녹차일수록 테아닌과 기타 아미노산의 감칠맛의 영향으로 많이 느껴지지 않게 된다. 이 같은 카페인과 카테킨의 쓰고 떫은맛은 우려내는 시간, 찻잎의 어린 정도, 찻잎을 우려내는 물의 온도에 영향을 받게 된다. 특히 증기로 찐 후 유념이 많이 된 녹차일 경우에는 우려내는 온도의 영향을 많이 받을 수 있으므로 온도를 낮춰 우리거나 우리는 시간을 짧게 하는 것이 좋으며 유념이 약하거나 덖은 경우 우려내는 물의 온도를 많이 낮출 필요는 없으며 우려내는 시간 또한 찻잎을 펼쳐지는 정도를 확인하며 우려내는 것이 바람직하다.

② 홍차

생잎이 가지는 카테킨류가 산화 과정을 거치며 생성되는 홍차 속 테아플라빈류와 테아루비긴류는 카테킨 특유의 날카로운 떫고 쓴맛이 줄어들고 복잡하고 다양한 떫은맛을 내는데, 이는 홍차의 상쾌하고 깊고 풍부한 맛에 영향을 준다. 생잎에 있던 단백질은 산화에 의해 아미노산으로 변화하고 다당류로 분해되면서 당류가 증가하여 홍차의 부드러운 감칠맛과 바디감에 영향을 준다. 여기에 카페인이 더해지면 진하고 깊은 쓴맛을 내는 홍차가 만들어진다. 홍차의 품질은 카테킨과 테아플라빈, 테아루비긴, 아미노산과 카페인의 밸런스가 영향을 미치며 이 같은 맛이 전체적으로 조화롭게 우러나와야 최상의 향과 맛을 즐길 수 있다. 때문에 홍차를 우려내는 시간과 우려내는 공간, 즉 추출 도구와 추출 조건에 영향을 받게 된다.

(2) 차의 향을 좌우하는 성분

차의 향기 성분 연구는 가스 크로마토그래피Gas chromatography, 질량분류계 등으로 측정된다. 홍차에서는 약 300종 이상의 향기 성분이 밝혀졌다. 현재 차의 향기 성분은 단일물질의 특징이 아니라 다양한 성분의 밸런스로 결정된다. 생잎에 포함되어 있는 향기 성분의 함량은 1~2% 정도이고 알코올류가 20여종으로 전체의 80%를 차지하며 알데히드Aldehyde, 케톤Ketone, 유기산, 테르펜Terpene계 화합물 등 약 200여 종 이상이 확인된다. 차의 향기는 수확 시기, 품종, 일교차, 재배 방법, 제조 방법 등에 영향을 받는다. 기후가 서늘하고 일교차가 큰 산간 지대에서 생산되는 것이 향기가 좋으며, 특히 해발 1,000m 이상인 고산 지대에서 향기가 좋은 차가 많이 생산된다. 찻잎에 포함되는 미량의 향기 성분은 대부분 불휘발성 형태로 존재하지만, 찻잎의 채엽과 동시에 손상을 받아 효소가 작용하고 지질 성분이 분해되어 향기 성분을 생성한다.

또한, 재배 방법에 따라 햇볕을 가려 차광 재배를 할 경우 파래 향기를 내는 성분이 생성되거나 제조하는 중에 가열을 하면서 구수한 향기가 만들어지기도 한다. 청차의 경우 위조와 요청 공정에서 꽃향기가 생성되기도 한다. 찻잎의 주요 성분은 신선하고 풋풋한 풀향기인 청엽알코올靑葉Alcohol, 헥사놀Hexanol, 헥세놀Hexenol, 장미 등

◯ 생잎과 제조된 찻잎의 향기 성분

구분	관련된 향기 성분
산뜻한, 상쾌한, 부드러운 어린잎의 향기, 청향	시스-3-헥세놀(청엽알콜) 트렌스-2-헥세닐
은방울꽃 계열의 가볍고 부드러운 꽃향	리나로올 리나로올옥사이드
장미계의 온화한 꽃향	제라니올 페닐에틸알코올
재스민 계열의 달콤한 꽃향	ß - 요논 시스재스민 자스몬산메틸
과일, 건조 과일의 향	재스민락톤 테아스피론
목질계의 달콤한 향	4-비닐페놀 네로릴돌
가열로 인한 구수한 향	피라진류 피놀류

의 꽃향기인 제라니올Geraniol, 페닐에탄올Phenylethanol, 벤질알코올Benzylalcohol 등과 과일향인 재스민락톤Jasminelactone, 테아스피론Theaspirone, 은방울꽃 같이 가볍고 산뜻한 꽃향인 리날로올Linalool, 리날로올 옥사이드Linalooloxide, 라일락 꽃향인 페닐아세트알데히드Phenylacetaldehide, 달콤한 초콜릿 향기인 메틸부탄올Methylbutanol, 가열로 생기는 구수한 향인 피롤류Pyrroles, 피라진류Pirazines 등이다.

① 녹차

생잎에서 느껴지는 싱싱한 풀냄새는 감소되고 어린잎에서 나는 맑은 향, 순하고 부드러운 향기, 김 또는 파래 같은 향이 주를 이루게 되며 가열을 통해 구수한 향을 만들어주기도 한다.

② 청차

향으로 마시는 차라고 불릴 만큼 향기 성분이 중요한 차 중 하나이다. 산화도가 낮은 청차는 재스민이나 장미 같은 꽃향기와 어린잎의 향기가 잘 조화되어 산뜻하고 우아한 향이 나고, 산화도가 높은 청차는 잘 익은 과일의 달콤한 향과 중후한 목질계의 향이 더해져 농후하고 매력적인 향이 난다.

③ 홍차

생잎에 있던 휘발성의 미량의 성분이 유념과 산화 과정을 거치면서 생잎에 있던 당과 아미노산, 배당체, 지방산 성분이 분해되며 향기에 영향을 주는 알코올류, 알데히드류, 케톤류가 생성 된다. 다즐링 홍차에서는 장미류의 향기 성분인 제라니올, 페닐에틸알코올 등 과 머스캣을 연상시키는 향기 성분이 함유되어 있고, 우바, 딤블라 등 스리랑카산 홍차에서는 청량감이 특징인 살리실산메틸, 리날로올, 재스민의 향기 성 분으로 알려진 인돌Indole 이 많이 함유되어 있다. 바디감과 부드러운 풍미가 특징인 아삼 홍차에서는 우디Woody한 β-요논β-ionone과 디하이드로액터니디올리드Dihydroactinidiolide가 다량 함유되어 있다.

02
제조 방법에 따른 분류

　　차는 차나무의 어린 싹과 잎, 줄기 등을 사용하여 산화 또는 발효, 숙성을 통해 만든다. 이 같은 방법으로 다양한 차가 생산되는 나라는 바로 중국이다. 중국은 차의 시초라 할 수 있는 비산화차인 녹차와 부분산화차인 백차, 청차, 산화차인 홍차, 후발효차인 황차, 흑차를 모두 제조하는 나라이다. 중국을 제외한 나라에서는 해발고도 같은 지리적 여건과 강수량, 토양 조건, 연평균 기온 등의 영향을 받아 차의 제조 형태가 달라지는데, 한국과 일본은 주로 비산화차를 생산한다. 인도의 다즐링에서는 산화차인 홍차를 주로 제조하는데, 같은 다즐링 홍차라 하더라도 채엽 시기<small>찻잎을 따는</small> <small>시기</small>와 제조 방법에 따라 홍차의 맛과 향, 수색이 다양하게 나타난다.

　　채엽 시기에 따라 차를 구분하는 경우, 녹차와 백차는 이른 봄에 어린 싹과 잎을 채엽하고 홍차는 나라별로 4월부터 6월, 혹은 그 이후에도 채엽이 이루어진다. 한국의 녹차는 4월 20일경 24절기 중 곡우<small>穀雨, 봄비가 내려서 온갖 곡식이 윤택해지는 절기</small>를 전후로 하여 채엽한 어린 찻잎으로 만든 차를 우전이라 하고, 5월 5일 24절기 중 입하<small>立夏, 여</small> <small>름이 시작되는 절기</small> 시기에 채엽한 차를 세작 혹은 작설차 등으로 구분하여 부른다. 그 이후에 채엽한 차는 중작이나 대작이라 한다. 해남이나 제주도의 경우, 5월에 따는 차를 첫물차, 6월에 따는 차를 두물차, 가을에 따는 차를 세물차 등으로 불러 티백이나 현미녹차 등으로 음용하기도 한다.

　　차의 제조 방법은 크게는 산화와 발효, 그 다음에는 산화에 영향을 미치는 유념의 방법에 따라, 산화에 정도에 따라 다양하게 구분된다. 또한, 단순히 찻잎만 사용한 경우뿐만 아니라 재스민차와 같이 찻잎에 꽃 향을 더한 화차, 찻잎에 다양한 허브와 에센셜 오일을 사용하는 블렌딩티까지 차의 제조 방법은 무한대로 발전하고 있다.

1. 비산화차의 제조 방법

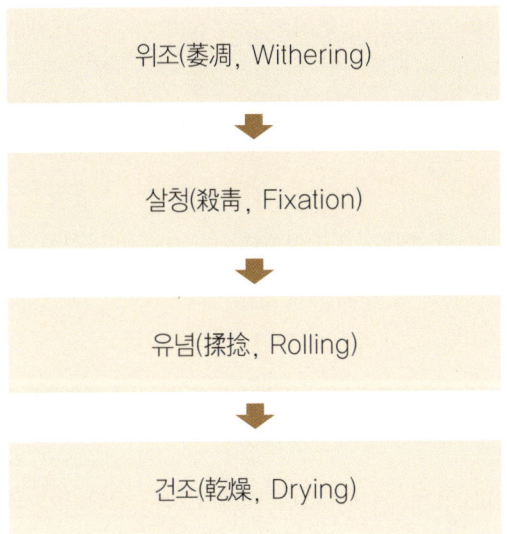

위조(萎凋, Withering)

살청(殺靑, Fixation)

유념(揉捻, Rolling)

건조(乾燥, Drying)

비산화차인 녹차는 기본적으로 찻잎을 채엽하고 열로 찻잎 속의 효소를 파괴한 후 유념하고 건조하는 것으로, 산지 특성이나 종류, 살청 방법 등에 따라 제조 방법 이 다양하다. 녹차는 보통 채엽한 찻잎을 바로 살청을 해야만 찻잎 특유의 풋내를 없애고 부드럽고 싱그러운 특유의 향을 잘 살릴 수 있다.

녹차는 보통 1심 2엽어린 싹과 두 장의 어린잎을 기준으로 채엽하며 채엽 시기에 따라 녹차의 품질이 달라진다. 이른 봄에 채엽한 차는 떫은맛이 적고 아미노산 성분이 풍부하여 감칠맛이 적절히 조화되므로 최고 품질로 여겨진다. 백차 중에는 청명淸明 전에 수확하는 백호은침이 있고, 녹차 중에는 곡우를 전후로 채엽하는 우전차, 곡우 이후에 채엽하며 참새의 혀를 닮아 '작설雀舌'이라 불리는 세작, 그 외에 중작, 대작 등으로 나뉜다. 일본에서는 5월 5일 이후에 생산하며 대부분 제조 방법으로만 구분한다.

1) 위조(萎凋, Withering)

찻잎은 채엽을 한 후에 호흡 열이 발생하기 때문에 서늘한 온도20~25℃에서 환기가 잘 이루어지며 위조, 즉 시들리기를 통해 수분이 15~20% 정도 낮춰질 수 있도록 한다. 손으로 채엽할 경우에는 대나무 채반에 넓게 펴주어야 하고, 기계로 대량의 찻잎을 채엽할 경우에는 냉각팬을 돌려 찬바람을 불어 넣어주지 않으면 찻잎이 산화될 수 있으므로 주의해야 한다.

2) 살청(殺靑, Fixation)

찻잎을 가열하여 찻잎 속의 산화효소를 불활성화하기 위한 공정이다. 증기로 쪄서 가열하는 방법은 주로 일본에서 쓰이고, 솥에 덖어서 사용 하는 방법은 중국 및 한국에서 많이 사용하는 방법이다. 증기로 찌는 방식은 찻잎 특유의 색과 맛, 싱그러운 향을 살리기 위해 사용되며, 솥에 덖는 방식은 찻잎의 어린잎과 싹의 모양을 살리거나 특유의 향을 만들기 위해 사용된다.

녹차의 맛과 향의 차이는 채엽 시기와 유념, 건조 등 후공정에 따라서 영향을 받지만, 살청 방법에 따라 전반적인 맛의 패턴과 외관에 영향을 줄 수 있다.

■ 증기로 찌는 방식으로 제조된 녹차류

전차(煎茶)

옥로(玉露)

말차(抹茶)

■ 차광 재배(햇볕을 가려 키움)

■ 증기로 찌는 방식

■ 말차(抹茶)

차나무에 보통 15~20일 햇볕을 가려 키운 찻잎을 채엽하여 갈아서 만든 가루녹차의 종류 중 하나로서 일반 찻잎보다 감칠맛이 뛰어나고 녹색이 진하며 떫은맛이 적어 녹차 특유의 깊고 풍부한 맛을 즐길 수 있다. 특히 진한 녹색을 잘 유지하기 위해 일본에서는 맷돌을 사용하여 갈아서 만들기도 한다.

서호용정차(西湖龍井茶)

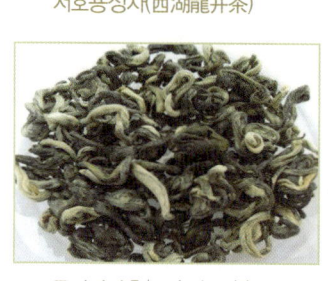

동정벽라춘(洞庭碧螺春)

3) 유념(揉捻, Rolling)

찻잎을 사람의 손이나 기계를 이용해 강하게 말아 세포벽을 파괴시켜 차의 성분
이 잘 우러나도록 하는 것이다. 특히 어린 싹으로 만든 차는 유념을 가볍게 하여 싹
의 솜털이 떨어지지 않도록 세심하게 만드는 것이 중요하다. 이 과정에서 수분을 균

■ 기계를 통한 유념   ■ 손을 이용한 유념

일하게 제거하고 부피를 줄여주거나 잎의 형태가 크게 변하기도 한다. 특히 녹차를
우려내는 속도에 영향을 미치므로 유념의 정도와 강도에 따라 우려내는 물의 온도
와 시간 등을 조절할 필요가 있다.

4) 건조(乾燥 Drying)

녹차는 나라별 식문화에 따라 살청 방법이 다를 뿐만 아니라 유념의 선택 유무, 정
도도 다르다. 하지만 찻잎을 건조시켜 수분을 5% 전후로 만들어 보관과 유통을 손쉽
게 하는 건조 공정으로 동일하게 마무리된다. 특히 중국에서는 찻잎을 살청 후 솥이
나 기계의 표면 열을 이용해 찻잎을 건조시키면 초청녹차炒青绿茶, 숯불 혹은 기계 열
기를 이용하면 홍청녹차烘青绿茶, 햇볕에 말리는 쇄청녹차晒青绿茶로 살청과 건조 방법
을 적절한 조화를 통해 특유의 맛과 향을 만든다.

2. 부분산화차 제조 방법

1) 백차(白茶)

백차는 초기에는 소백종의 북청차나 수선백 등 싹이 작은 종류의 차나무를 사용
하여 만들었으나, 대백차로 불리는 싹이 큰 차나무를 개발한 이후 현재는 복정대백
차나 정화대백차와 같은 큰 싹이 특징인 차나무로 백차를 제조한다. 채엽한 찻잎은
큰 대나무로 만든 수절이라 불리는 도구를 사용하여 넓게 펴서 수분을 감소시키기

위해 햇빛과 바람으로 건조하고, 그 후 40~50℃ 정도의 약한 불로 건조하여 제조를 마무리한다.

　고급 백차는 백호가 떨어지지 않게 조심해서 제조해야 하며, 채엽이 늦어지면 싹이 펴져 녹색을 띠므로 주의해야 한다. 백차는 백호은침, 백모단, 수미 등이 제조되며, 향이 은은하고 맛이 상쾌하고 순수하며 단맛이 있어 널리 사랑받고 있다.

■ 실외 위조

■ 실내 위조

2) 청차(靑茶)

위조(萎凋, Withering)	유념(揉捻, Rolling)
↓	↓
요청(搖靑, Rocking)	건조(乾燥, Drying)
↓	
살청(殺靑, Fixation)	

청차는 차를 제조하는 과정에서 찻잎이 지닌 향기를 발견하게 되고, 산화를 통해 이런 향기가 더욱 극대화되는 것을 알게 되면서 만들어진 차이다.

(1) 위조(萎凋, Withering)
직사광선으로 온도가 올라가서 효소의 활성을 높이는 쇄청晒青, 그늘에서 활성을 일으키는 위조를 양청凉青, 즉 '시들리기'라고 한다.

■ 위조

(2) 요청(搖青, Rocking)
찻잎과 찻잎이 부딪혀 향기를 내는 과정이다. 찻잎의 크기와 채엽 시기에 따라 4시간에서 12시간 정도 공정이 이루어지는데, 잎의 가장자리 세포조직이 파괴되면서 효소의 작용으로 향기 성분이 만들어져 청차의 독특한 맛과 향을 낸다. 산화실에는 찻잎의 풋내가 없어지고 꽃향기, 과일 향, 향신료 향 등이 풍길 때쯤 효소의 활성을 억제하기 위해 살청을 한다.

(3) 살청(殺靑, Fixation)

어느 정도의 향기가 발생하고 나면 효소의 활성을 억제하기 위해 열을 가하는데, 청차의 경우 통상적으로 가마의 간접 가열로 찻잎을 살청한다. 찻잎의 양에 따라 가열 온도가 달라지는데, 산화도가 높은 청차류는 160℃~230℃, 산화도가 낮은 대만계 청차는 230℃~300℃에서 살청한다. 이 공정이 끝나면 산소의 활성이 약해지고 산화 효소의 산화가 완화되며 폴리페놀이 천천히 중합 폴리페놀로 변화하여 떫은맛이 점점 줄어든다. 카테킨은 천천히 산화되면서 떫은맛이 줄고 깊은 맛으로 변한다. 마른 찻잎색이 진한 녹색과 청갈색으로 변하는데, 이 모습을 보고 청차라 부르기 시작했다고 한다. 찻물은 황홍색이고 자연스러운 꽃향기와 농후한 맛을 지녔다.

■ 살청   ■ 유념

(4) 유념(揉捻, Rolling)

차의 성분을 추출하기 위한 공정이다. 직접 손으로 하거나 유념기를 사용해 찻잎을 유념하며, 유효 성분뿐 아니라 깊은 맛과 색, 향이 잎의 밖으로 우러나올 수 있게 한다. 청차는 차나무 종류와 유념 시의 여러 조건에 따라 눈썹 모양, 철관음이나 대만의 동정우롱차 같은 구형 등 형태가 다양하다. 철관음이나 대만의 동정우롱차와 같은 구형은 보자기에 살청한 찻잎을 넣고 구슬 모양으로 여러 번 말아서 주형을 만든 것이다_{포유}. 오늘날 대만에서는 포유기를 사용하여 깨끗하고 깔끔하게 포유하는 것으로 발전하였고, 이 방식이 역수출되어 철관음에도 사용되고 있다.

■ 말려 있는 형태의 성형을 위한 포유기

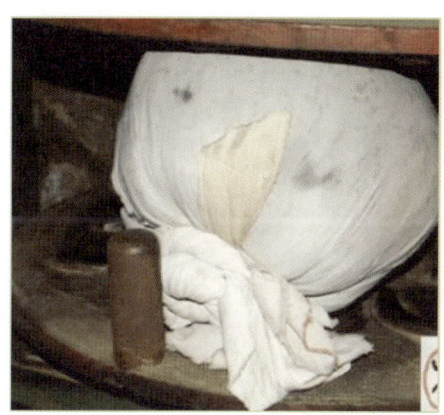

(5) 건조(乾燥, Drying)

배롱이라고 하는 가열 건조기에 넣어 50~120℃에서 수분 함유량을 4% 정도까지 내리면 품질 보존이 용이하게 된다. 건조 공정을 끝낸 제품을 1차 가공품이라 하고 줄기나 부서진 잎을 선별하여 최종 제품을 만든다. 전통적인 수제 청차 제조 방법을 바탕으로 안계철관음이나 대만 우롱차와 같은 구형으로 다양한 변화를 주고 있다.

3. 산화차 제조 방법

홍차는 찻잎을 채엽한 뒤 수분이 반감할 때 송풍기에서 바람이 나오는 위조기에서 8~12시간 정도 시들린 다음, 유념기를 이용해 유념하는 과정에서 찻잎 내부의 다양한 성분이 나오면, 산화실로 옮겨 온도, 습도 및 시간 등 산화 조건을 관리하여 산화시키는 차이다.

홍차는 찻잎 외형이 검은색에 가깝고, 물에 우려내면 검붉은색 또는 검은 갈색 등의 수색을 나타낸다. 특히 이 같은 현상은 찻잎 폴리페놀이 산화효소에 의해 테아플라빈등황색, 테아루비긴홍색, 테아브로닌암갈색 등이 형성되어 차의 맛과 향, 차의 수색이 변화를 주는 것으로, 나라별로 다양하게 분류된다.

홍차의 시작은 중국에서 처음으로 청차류인 무이암차가 제조된 것을 시작으로, 제조 과정에서의 실수와 네덜란드, 영국 등 강대국의 요청으로 인해 산화도가 높은 홍차가 제조되기 시작했다고 전해진다. 유럽에서는 블랙티Black tea라고 불리며 귀족부터 서민까지 없어서는 안 될 기호음료로 사랑받고 있다. 블랙티라는 이름은 각 나라마다 물 성분이 다른데, 우러나는 차의 수색에 물의 미네랄 함량이 영향을 미쳐 이름이 붙여진 것으로 보인다.

홍차의 시초인 중국은 주요 거래국인 유럽의 요청으로 유럽인들이 선호하는 홍차를 만들게 되었다. 그 선호에 따라 산화도를 높여 특유의 검은색과 향을 가진 홍차를 만들게 되는데, 이것이 최초의 홍차인 정산소종正山小種이다. 정산소종은 훈배燻焙, 훈제 건조 과정을 거치면서 스며든 소나무 훈연 향이 특징이다. 또한, 세계 3대 홍차로 불리는 안후이성 기문 지역에서 생산되는 기문홍차는 어린 찻잎을 사용하고 검은색의 윤기와 독특한 꿀 향이 특징인데, 이 향은 기문향으로 불리며 사랑받고 있다. 이처럼 중국에는 다양한 홍차가 있으며 이를 소종홍차小種紅茶, 공부홍차工夫紅茶, 홍쇄차紅碎茶 등으로 크게 구분하기도 한다.

1) 중국의 홍차 제조 방법

(1) 소종홍차(小種紅茶)

중국 푸젠 성에서 가공되는 홍차로 가공 시 위조, 유념, 산화, 살청, 재유념, 훈배 등 여섯 과정으로 이루어진다. 제조 시 땔감으로 소나무를 이용하여 유념과 건조를 하기 때문에 우리기 전의 마른 차에서 강렬한 송연松烟, 소나무 연기 향이 난다. 소종홍 차는 정산소종, 성촌소종星村小種, 인공소종人工小種으로도 불리며 성촌동목관星村桐木關에서 생산된 것이 제일 유명하다. 외형은 색이 검고 잎이 작으며 광택이 있고, 맛은 진하면서 순하고, 향은 송연 향과 훈연 향 등이 그윽하게 난다. 유럽에서는 랍상소종Lapsang souchong이라 불린다.

■ 정산소종의 제조 공장

(2) 공부홍차(工夫紅茶)

생산지에 따라 기홍祁紅, 전홍滇紅, 의홍宜紅, 민홍閩紅 등으로 나뉘는데, 안후이성 기문에서 생산된 기문홍차와 윈난성에서 생산되는 전홍이라 불리는 운남홍차가 많이 알려져 있다. 특히 기문홍차는 독특한 꿀 향과 은은하고 부드러운 꽃향기가 '기문향祁門香'이라 불리며 세계 3대 홍차 중 하나로 유명하다.

(3) 홍쇄차(紅碎茶)

공부홍차 제조 시 지역이나 제조 방법에 따라 유념 대신 찻잎을 절단하여 조직을 파괴해 찻잎 속의 가용성 물질이 좀 더 쉽게 추출되도록 만든 홍차이다. 맛이 진하면서도 특유의 쌉싸래한 맛과 향이 있으며, 인도 및 스리랑카에서는 로토르반이나 CTC 머신을 이용하여 생산되는 홍차가 이와 유사하게 형태로 제조된다.

2) 유념과 산화의 정도로 구분하는 홍차 제조 방법

중국 이외의 홍차 산지는 인도, 스리랑카, 케냐를 비롯한 아프리카, 베트남, 인도네시아 있다. 이곳에서 홍차를 만드는 방법으로는 찻잎을 위조 후 유념을 통해 찻잎을 상처를 낸 후 산화시키는 오서독스Orthodox 제법과 유념 후 로토르반을 지난 다음, CTC 머신찻잎을 부수고(Crush), 찢고(Tear), 둥글게 마는(Curl) 기능을 갖춘 기계을 통과하며 둥글게 말린 찻잎을 빠르게 산화시키는 CTC 제법이 있다.

■ 오서독스   ■ 세미 오서독스   ■ CTC

■ 오서독스 제법

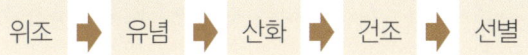

위조 ➡ 유념 ➡ 산화 ➡ 건조 ➡ 선별

■ CTC 제법

위조 ➡ 유념 ➡ 로토르반 ➡ CTC 머신 ➡ 산화 ➡ 건조 ➡ 선별

■ 세미 오서독스 제법

위조 ➡ 유념 ➡ 로토르반 ➡ 산화 ➡ 건조 ➡ 선별

(1) 오서독스 제법(Orthodox method)

① 위조(萎凋, Withering)

찻잎에 있는 수분을 줄이는 과정으로 생잎에 있는 수분이 약 30~40% 줄어들게 된다. 이 과정에서 잎이 부드러워짐과 동시에 향기 성분도 함께 생성된다. 위조는 컨테이너 박스 형태의 위조실에서 찻잎을 골고루 펼쳐 진행되는데, 이때 하부 팬에서

■ 위조실

찬바람이 나와 온도를 22~23℃로 유지한다. 보통 나라마다 기온에 따라 위조를 하는 시간이 달라지는데, 다즐링 홍차는 8~12시간, 아삼 홍차는 13~16시간, 스리랑카 홍차는 12~14시간 정도 소요된다.

② 유념(揉捻, Rolling)

찻잎을 비벼 세포조직을 파괴하는 것으로, 찻잎의 폴리페놀과 효소가 결합할 수 있는 조건을 만들어주는 것이 가장 큰 목적이다. 유념이 진행될 때 으깨진 찻잎 속에서 차즙이 나오며 초기의 산화가 진행되는데, 이때 마찰열로 온도가 높아지므로 압력을 조절하는 것이 중요하다. 찻잎을 시들린 후 20~30분, 긴 경우 40분 정도 유념을 진행한다. 이때 찻잎에서 즙이 나와 뭉치는 현상이 있기 때문에 유념이 끝난 후에는 산화 정도를 확인하고, 산화대로 옮겨 뭉친 찻잎을 골고루 풀어줘야 한다.

■ 유념기

③ 산화(酸化, Oxidation)

산화 방법은 자연적인 방법과 인위적인 방법이 있다. 자연적으로 산화를 진행하는 방법은 유념을 한 찻잎을 산화대나 바닥, 타일을 깐 바닥 또는 테이블 위에 두께 4~5cm 정도로 쌓아올린 후 상온에서 산화시키는 것이다. 산화가 촉진되는 조건은 온도 25℃, 습도 80~90%로 보통 20분에서 길게는 3시간 정도 진행된다. 인위적인 방법은 전열선이 깔린 타일 위에서 산화시키는 것으로, 온도 조절이 가능하므로 산화를 촉진시켜 산화 시간을 단축하거나 제품 특징에 맞게 조절이 가능하다.

산화 과정에서 폴리페놀이 화학 변화를 일으키고 홍차 특유의 향미를 만들어낸다. 생잎에서 나던 풋내에서 단맛을 가진 꽃 향, 과일 향으로 변화하고, 녹색에서 갈색 또는 붉은색 찻잎으로 변해가며 맛 또한 녹차와 다른 특징을 가지게 된다.

일반적으로는 산화 시간이 짧을수록 홍차는 자극적인 떫은맛이 강해지고, 산화 시간이 길수록 자극적인 맛이 감소하여 농후하고 무거운 맛이 된다. 하지만 산화가 너무 강하게 되면 수색이 검어지고, 산뜻하고 달콤한 과일 향은 신선함을 잃고 낙엽과 같은 묵직한 향이 나게 된다. 산화의 정도는 제조하는 시기의 온도와 습도의 미묘한 영향을 받아 상품으로서의 가치도 결정하게 된다. 그렇기 때문에 홍차의 제조 공정 중에서도 가장 중요하게 여겨지는 것이 산화 과정이며, 경험이 풍부하고 숙련된 작업자들이 주로 관리한다.

■ 산화

■ 건조

④ 건조(乾燥, Drying)

100℃ 이상의 온풍의 온도에서 약 20분 이상 찻잎의 수분이 2~3% 남을 때까지 진행한다. 산화된 잎을 바구니를 통해 건조기로 옮기고, 건조기는 건조실 밖의 보일러를 통해 열풍을 불어 넣는 방식으로 진행된다. 건조 후 선별 과정을 거치고 포장하

면 제조가 완료된다.

(2) CTC 제법(CTC method)

CTC 제법은 1930년대에 윌리엄 맥커처William McKercher가 고안한 근대적인 홍차 제법으로 인도의 아삼과 아프리카 등지에 급속히 보급되었다. 일단 채엽한 찻잎을 위조하고 유념한 후 로토르반을 통과한 다음 부수고Crush, 찢고Tear, 둥글게 마는Curl 기능을 갖춘 CTC 머신에 넣는다. CTC라는 명칭은 이 세가지 기능의 앞 글자를 따서 지은 것이다.

CTC 머신은 스테인리스 재질의 크기가 다른 2개의 롤러로 되어있는데, 그 사이에 찻잎을 넣고 각 롤러의 회전수 차이를 이용한다. 이 과정을 통해 눌리고 찢어지고 둥글게 말리는 모든 공정이 가해지는 것이다. 롤러에는 날이나 홈이 새겨져 있어 찻잎이 부서지거나 찢어지고 둥근 형태의 입자로 성형된다. 이후 산화와 건조 공정을 거쳐 홍차로 완성된다.

■ CTC

■ 로토르반

■ CTC 머신 롤러

■ CTC 머신

■ 산화

■ 산화 전후 비교

(3) 세미 오서독스(semi- Orthodox)

주로 스리랑카에서 많이 사용되는 홍차 제조 방법
으로 찻잎을 유념을 통해 잘게 자르거나 로토르반을
통해 잘라서 특유의 향과 맛을 만들며 산화의 시간을
단축시키는 방법이다. 이 과정을 통해 다양한 크기의
찻잎의 제조되어 이를 분류하는 과정에서 홍차의 등급
이 생겨나기도 한다.

■ BOP

4. 발효차 제조 방법

1) 황차

위조와 민황悶黃 과정을 거치는 후발효차로, 녹차 제조 공정에서 민황이라는 가벼운 발효 과정을 거쳐 제조되는 차이다. 엽록소의 변색으로 녹차와는 또 다른 향미를 가지며 차의 색, 찻물의 색, 우린 찻잎의 색이 모두 황색을 띤다고 하여 '황차黃茶'라 불린다. 6대 분류 차 가운데 하나로서 맑고 순하며 맛과 향이 독특하고 뛰어나다. 황차 제조 시 거치는 민황은 수분이 있는 찻잎을 공기 중에 노출하는 과정이다. 중국 후난성의 군산은침은 종이에 싼 찻잎을 나무상자에 넣어 48시간, 또다시 24시간을 두어 정성스럽게 만들어진다. 특히 황차는 찻잎의 어린 정도에 따라 군산은침群山銀針, 몽정황아蒙頂黃芽, 북항모첨北港毛尖이 제조된다.

2) 흑차(보이차 숙차 제조 공정)

■ 흑차 제작 모습

흑차는 주로 후난, 쓰촨, 윈난, 관시 등의 지역에서 만들어지며, 지역에 따라 보이차, 육보차, 천량차 등으로 다양하게 불린다. 긴압차緊壓茶는 중국 변방의 소수민족들의 생활필수품으로 애용되고 있으며, 흑차의 제조 방식 중 일반적으로 많이 제조되기도 한다. 긴압차는 찻잎을 증기로 찐 후 바로 수분이 없어지지 않게 유념해 가공하고, 유념 후 찻잎의 펙틴 등 점액질이 나오면 압력을 사용해 형태를 만든 다음 실내 선반에 나열해 건조시키면 균류와 자연스럽게 반응한다.

흑차를 만드는 찻잎은 탄닌이 많아 녹차에 어울리지 않은 대엽종을 사용한다. 미생물 발효로 인해 맛이 부드러워지는 특징이 있으나 특유한 곰팡이 냄새 때문에 흑차를 처음 시음하는 초보자에게는 어려운 차라는 인식이 높다. 특히 흑차 중 보이차普洱茶가 유명한데, 보이차는 차나무의 원산지인 운남성 보이普洱 주변 지역에서 만든 차가 차의 집산지이자 무역 중심지인 보이부에서 외부로 판매되며 유래되었다. 보이차는 차마고도를 통해 오랜 시간을 발효와 숙성을 거쳐 만들어졌는데, 점차 교통 환경이 개선되면서 자연적인 후발효 과정이 어려워지자 1973년에 인공적으로 발효를 촉진하는 악퇴발효법이 개발되었다. 보이차는 와인처럼 숙성을 거쳐야 하므로 산화하지 않고 숙성시켜 만드는 생차生茶와 곰팡이를 이용해 강제 발효시켜 만드는 숙차熟茶로 구분된다.

숙차는 쇄청녹차를 원료로 하여 곰팡이를 접종시켜 미생물을 이용해 발효하고 유념하여 건조시키는 차이다. 3개월 전후로 찻잎을 퇴적시켜 발효시킨다. 발효 중에는 퇴적시킨 찻잎 내부의 온도가 높아지지 않도록 하고, 틈틈이 잘 혼합하여 발효를 균일화한 뒤, 마지막 단계에 유념하여 형태를 만들고 건조시킨 다음 저장하여 보통 3~5년 정도 숙성시킨다. 완성된 직후의 차는 곰팡이 냄새가 강하고 자극적인 맛으로 마시기 불편하기 때문에 꼭 저장 과정을 거쳐 숙성시켜야 한다. 반면, 생차는 악퇴발효를 시키지 않은 쇄청녹차를 쪄서 긴압차로 제조한 후 숙성시켜 마시는 차이다.

■ 차마고도

■ 약퇴발효 후 숙성을 거쳐 판매되는 흑차

 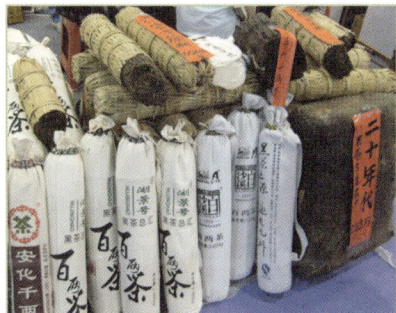 

03
차와 대용차의 분류

차는 차나무의 싹과 잎, 줄기를 산화·발효하여 제조 가공 후 물에 우려 마시는 기호음료를 말한다. 허브는 '푸른 풀'을 의미하는 라틴어 'Herba'에서 출발한 단어로, '잎, 줄기, 뿌리 등이 식용이나 약용에 쓰이거나 향미를 내는 데에 이용되는 식물의 총체'를 말한다. 즉, 식용으로 이용 가능한 잎, 줄기, 뿌리, 꽃 등은 모두 허브라고 할 수 있다. 허브의 가장 큰 특징은 찻잎, 커피콩 등은 카페인이 함유되어 있지만 대부분의 허브는 카페인이 없다. 허브는 식품이나 음료에 보존용, 향신료 또는 건강증진제로서 첨가되고 있고, 식품이나 음료 외에 향수, 화장, 세정 등의 효과를 기대하며 다양한 제품에 활용되고 있다.

1. 잎을 사용한 허브

1) 루이보스(Rooibos)
루이보스는 남아프리카 원주민들이 차로 즐겨 마시던 것으로, 남아프리카공화국 언어로 '빨간 덤불'이라는 뜻이다.

남아프리카공화국 케이프타운 서쪽에 있는 세다르버그 산맥의 고산 지대에서 자라는 루이보스는 척박하고 영양분이 적은 모래땅에 길고 곧은 뿌리고 땅 속 깊은 곳 암반에 저장된 귀중한 물과 영양분을 최대한으로 빨아들이며 성장한다. 강렬한 햇볕이 내리쬐고 강우량이 적으며 밤낮의 기온차가 심한 빈곤한 땅에서 살아남을 수 있는 루이보스는 경이로운 힘을 갖고 있는 식물 중 하나이다.

척박한 토양과 건조한 고원 지대의 강력한 자외선으로부터 자신을 보호하기 위해 만들어내는 성분이 인간의 건강에도 도움을 준다는 것이 밝혀지면서 더욱 각광받고 있다. 루이보스는 잎과 가지를 채엽해 3~5mm로 자른 후 수분 함량을 조절하여 8~14시간 정도 산화시켜 제품화한 것이 일반적으로 접할 수 있는 갈색을 띤 루이보스이다. 산화를 거치지 않은 루이보스는 '그린 루이보스'라고 하며 다양한 차 제품에 사용되고 있다.

최근 루이보스는 카페인이 없고 자극적이지 않아서 차로 우려마시면 은은하고 부드러운 풍미를 즐길 수 있어 인기를 얻고 있다. 특히 유아를 위한 루이보스티, 식수용 루이보스티, 유기농 루이보스티 등 다양한 제품으로 구성되어 판매되기 시작하였고, 외국에서는 루이보스에 다양한 허브와 향을 블렌딩하여 맛있게 즐길 수 있는 제품들이 속속 등장하여 허브티에서 벗어나 또 다른 하나의 제품군으로 인정받는 추세이다.

2) 페퍼민트(Peppermint)

민트류는 전 세계에 약 600종 이상의 교배종이 존재하는데, 그중에서도 산뜻한 멘톨 향으로 사랑받는 것은 페퍼민트와 스피어민트이다. 특히 페퍼민트는 한국에서 '박하'라 불리며 식품, 의약, 생활용품 등에 다양하게 사용되고 있다.

페퍼민트는 후추의 톡 쏘는 향을 닮았다고 하여 붙여진 이름이다. 고대 이집트에서 식용과 약용, 방향제 등으로 사용된 것을 시작으로 유럽에서는 향수의 원료로도 사랑받고 있으며, 지금은 가장 대중적인 허브가 되었다. 특유의 산뜻한 향과 맛으로 나른한 오후에 좋은 허브티이며 과식 후, 스트레스가 심할 때, 잠을 쉽게 이루지 못할 때 먹으면 좋은 차로 알려져 있다.

■ 페퍼민트

3) 레몬그라스(Lemongrass)

■ 레몬그라스

태국 요리 중 세계 3대 스프인 톰얌쿵에 쓰이면서 유명해진 레몬그라스는 인도에서는 치료제로 더욱 잘 알려져 있다. 항균 능력이 뛰어나 인도의 유기농 홍차 다원에서는 레몬그라스를 다원에 심어 벌레를 방지하기도 한다. 레몬그라스는 열대 지방에서 1~1.5m 정도로 크게 자라는 허브로 레몬 향이 난다고 하여 붙여진 이름이다. 레몬그라스의 잎을 잘라 말려서 만든 포푸리는 공기 정화를 위한 방향제로 사용되며 입욕제로도 많이 쓰인다. 레몬그라스티는 산뜻한 레몬 향이 심신을 상쾌하게 만들어주며 과식후에도 속을 편안하게 해주는 허브티로 널리 음용되고 있다.

4) 로즈마리(Rosemary)

지중해 연안에서 잘 자라는 허브로서 라틴어로 '바다의 방울Rosmarinus'이라는 의미를 가졌다. 로즈마리는 고대 그리스와 로마 시대부터 약초로 쓰였다. 유럽에서는 로

즈마리가 지닌 특유의 솔잎 향이 뇌를 활성화
시켜 기억력에 도움을 준다고 하여 '기억'이
라는 꽃말이 있다. 로즈마리를 건조하며 만
든 로즈마리티는 독특하면서 강력한 향과 부
드러운 맛이 있다. 로즈마리티는 수험생이나
직장인처럼 집중력이 필요한 이들에게 몸의
순환을 촉진시켜 개운함을 주어 상쾌한 아침
을 위한 허브티로 널리 사랑받고 있다.

■ 로즈마리

2. 꽃을 사용한 허브

1) 히비스커스(Hibiscus)

하와이 주화로 잘 알려진 꽃으로 이집트의 아름다움의 신인 히비스Hibis와 그리스
어 '닮았다'라는 뜻의 'Isco'가 합쳐진 이름이다. 이집트와 수단에서는 결혼식에서 축
하의 의미로 히비스커스티를 마셨을 정도로 유래가 깊은 허브이다. 히비스커스티는
히비스커스 꽃이 지면 꽃받침이 남게 되는데, 이 꽃받침을 말려서 차로 우려 마시는

■ 히비스커스

것이다. 히비스커스는 도쿄에서 개최된 올림픽에서 승리한 마라토너가 마신 것이 알려지면서 다양한 스포츠 음료에 활용되기 시작했다. 히비스커스가 가진 루비빛 수색과 산뜻한 신맛은 피로회복에 도움을 준다. 국내에서는 다이어트 제품에 활용되면서 다이어트를 위한 허브티로도 잘 알려져 있고, 국외에서는 다양한 차 제품에 활용되면서 아이스티, 에이드 등의 음료로도 개발되고 있다.

2) 캐모마일(Chamomile)

캐모마일은 고대 그리스어로 '작은이'를 뜻하는 'Chamai'와 '사과'를 뜻하는 'Melon'을 더해 '땅에서 나는 사과'라는 의미로 만들어진 단어이다. 사과를 닮은 달콤한 향과 땅을 기면서 자라는 특성 때문에 '대지의 사과'라고도 불린다. 캐모마일은 국화과에 속하며 식용이 가능한 것은 로만 캐모마일과 저먼 캐모마일로 구분된다. 캐모마일의 꽃 부분을 주로 허브티로 이용하는데, 고대 유럽에서는 특유의 은은하고 달콤한 향이 마음을 진정시키고 긴장을 풀어준다고 하여 널리 이용되었다.

■ 캐모마일

3) 라벤더(Lavender)

라틴어로 '씻다'라는 뜻을 가진 라벤더는 고대 로마에서는 공중목욕탕에서 입욕제나 세탁용으로 사용되던 허브이다. 허브의 여왕이라 불릴 만큼 보라빛 색상과 부드러운 향이 매력적인 라벤더는 유럽에서는 말려서 포푸리나 장식용으로 향기가 나도록 만들어 방안

■ 라벤더

에 두곤 했다. 스페인이나 포르투갈에서는 결혼식을 할 때 라벤더 꽃을 뿌리는 풍습이 있고, 이탈리아에서는 라벤더 꽃 위에 이불이나 침구류를 말리기도 했다고 전해진다. 라벤더 꽃을 말려서 마시는 라벤더티는 잠이 잘 오지 않거나 마음이 불안할 때 도움을 준다고 하여 아로마테라피로 많이 이용되고 있다. 말린꽃을 베개 안에 넣거나 눈을 덮는 안대에 넣어 사용하면 좋다고 알려져 있다.

4) 로즈(Rosebud & petal)

장미는 향기의 여왕으로 불리며 고대부터 아로마테라피에 주로 사용되던 허브이다. 피부와 생리 활성 등 여성에게 특히 좋은 영향을 미치는 로즈는 향수, 입욕제, 화장품 등에 널리 활용되고 있다. 식용 장미의 잎을 건조하여 만드는 로즈티는 우아하고 은은한 장미향을 그대로 느낄 수 있어 신경을 안정시키고 스트레스 해소에 도움을 준다. 잠이 잘 오지 않을 때, 불안할 때 마시면 좋은 효과를 볼 수 있어 우울함을 잘 느끼고 감정 조절이 힘든 중년 여성들에게 좋다. 최근에는 다양한 홍차나 허브티에 블렌딩되어 맛과 아름다움을 동시에 만족시키는 아이템으로 주목받고 있다.

■ 로즈

■ 클로브

5) 클로브(Clove)

옛날 유럽에서는 고가의 향신료로 귀하게 취급되어 한 알, 한 알 핀셋으로 개수를 셀 정도였다고 한다. 주요 원산지는 마다가스카와

인도네시아이다. 향이 독특하고 다양한 효과가 있어 한방약으로서도 활용 범위가 넓다. 클로브라는 이름은 프랑스어로 '못Clou'을 뜻하는데, 생김새가 못과 같다고 해서 생겨난 단어이다. 클로브는 적당한 단맛과 쓴맛이 균형을 이루며 개성적인 강한 향으로 사랑받고 있다. 특히 식후 입안을 깔끔하게 정리해주기 때문에 기름진 음식을 먹는 나라에서 더욱 인기 있는 허브이다. 클로브를 건조시켜 만든 클로브티는 위가 불편하거나 소화가 잘 되지 않을 때 부드럽게 우려내어 마시면 도움이 된다.

3. 열매를 이용한 허브

1) 펜넬(Fennel)

그리스어로 '마라트론Marathron' 이라 불렸는데, 이는 '마라노Marano, 야위다'라는 단어에서 파생된 것이다. 고대 그리스에서는 아름다운 몸매를 위한 허브로 다이어트를 하려는 여성들에게 많이 사랑받았다고 전해진다. 또한, 고대 중국에서는 뱀에 물렸을 때 치료제로 쓰였고, 고대 올림픽에서는 힘과 정력을 위한 아이템으로 사용되었다고 한다. 펜넬은 열매를 말려 마시는 허브티로 독특한 향기와 은은한 단맛이 식욕 조절에 도움을 준다고 한

■ 펜넬

다. 외국에서는 멋진 몸매를 위해 음용할 뿐만 아니라 모유 수유에도 도움을 주기 때문에 산모들이 즐겨 찾는다고 한다. 우리나라에서는 음식의 향을 돌려준다는 의미로 '회향茴香'이라 불리며, 생선 비린내를 없애주는 효과가 있어 요리할 때 많이 쓰인다.

2) 로즈힙(Rosehip)

로즈힙은 남미 등 안데스산맥에서 자생하는 야생 들장미의 열매로, 장미꽃이 떨어지고 나면 생기는 열매이다. 고대 잉카에서는 '젊음의 비약'이라 불렸다고 전해진다. 로즈힙은 비타민C의 보고라고 불리는데, 이는 레몬과 비교하여 20~40배 이상의 풍부한 비타민C가 함유되어 있기 때문이다. 또한, 비타민C의 흡수를 돕는 비타민P도 함께 들어 있다. 로즈힙 열매의 껍질을 건조하여 만든 로즈힙티는 새콤달콤한 과일 같은 느낌이 있어 다양한 차

■ 로즈힙

의 블렌딩용으로 많이 사용된다. 로즈힙티는 콜라겐이 풍부한 음식을 먹은 후에 마시면 피부에 도움을 준다고 알려지면서 특히 여성들에게 사랑받고 있다. 피로 때문에 몸이 무겁고 눈이 아플 때, 추운 겨울철 컨디션 유지에도 좋은 허브티이다.

3) 카다몬(Cardamon)

매우 오래 전부터 사용되던 향신료로 인도, 과테말라 등이 원산지이다. 깔끔하고 개운한 청량감이 있는 카다몬 향은 카레 요리에 빠지지 않는 향신료이다. 맛은 자극적이지만 엷은 쓴맛이 후추와 닮은 풍미가 있다. 특히 인도의 차이티에는 없어서는 안 되는 재료로서 우유의 크리미한 맛을 깔끔하게 정리해준다. 카다몬티는 체온 조절과 피로회복을 도와주고, 식후에 소화를 촉진시켜 즐거운 식사가 될 수 있게 한다.

■ 카다몬

4. 뿌리를 이용하는 허브

1) 생강(Ginger)

동서양을 막론하고 고대부터 감기나 추위에 대항하는 약재로 사용되는 대표적인 허브가 바로 진저, 즉 생강이다. 주로 인도나 동남아시아에서 생산되며 다양한 요리에서 생선이나 고기의 냄새를 제거하기 위해 많이 사용된다. 생강은 500가지가 넘은 약효가 있어 한방에서는 그 효용도가 가장 높다고 전해지며, 최근에는 요리나 약재로서 뿐만 아니라 음료, 차로서의 개발이 활발하다. 생강을 건조하여 즐기는 진저티는 상쾌함과 잔잔한 달콤함

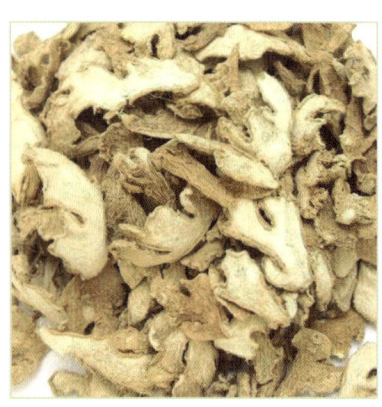

■ 생강

을 함께 즐길 수 있으며 홍차나 허브와도 잘 어울린다. 진저티는 몸을 따뜻하게 해주는 성질이 있어 여성들에게 더욱 좋고, 겨울철 감기 예방에 도움을 주는 대표적인 허브티이다. 홍차와 함께 마시면 겨울철 감기예방에 도움을 준다.

2) 시나몬(Cinnamon, 계피)

카다몬, 클로브와 함께 세계 3대 향신료로 불리는 허브로 여러 나라에서 이용되고 있다. 고대 이집트에서는 시나몬의 뛰어난 살균력을 이용해 미라를 보존하기 위한 약재로 만들어 사용하기도 했다. 시나몬은 스리랑카에서 주로 생산되며, 단맛과 상쾌한 향을 가지고 있는 것이 특징이다. 시나몬 나무의 껍질을 벗긴 뒤 말려서 만드는 시나몬티는 몸을 따뜻

■ 시나몬

하게 해주고 속을 편하게 하는 데 좋다. 또한 정신적으로 피로감이 쌓이거나 불안할 때 마시면 도움이 된다. 시나몬은 홍차와 함께 마시면 홍차의 풍미를 부드럽고 달콤하게 만들어주어 널리 음용되고 있다.

3) 감초(Liquorice)

담배나 음료, 설탕과자 등에 사용되는 리코리스, 즉 감초는 설탕의 약 50배에 달하는 당도를 가지고 있으면서도 칼로리는 낮아 다이어트 감미료로 각광받고 있다. 감초는 뿌리와 줄기를 건조시켜 만들며 주로 러시아, 이란, 중국 등에서 재배된다. 특히 한방에서는 '약방의 감초'라고 하여 약재를 만드는 데 빠져서는 안 되는 재료로 여겨지며 생강, 대추와 함께 다양한 해독 작용이 있다고 알려져 있다. 감초의 뿌리를 건조하여 잘게 부수어서 만드

■ 감초

는 감초차는 위산을 분해하여 위를 편안하게 해주고, 스트레스로 인한 불안감이나 소화가 안 될 때 도움을 준다.

TEA
MASTER
티마스터

3장

티의
산지

01
세계 최대 홍차 생산국, 인도

　인도의 홍차 재배는 1823년 스코틀랜드 출신 로버트 브루스가 싱포족을 통해 아삼 차나무를 발견한 후, 1825년 차의 묘목과 종자를 구해 1838년 야생 차나무를 사용하여 홍차를 만들었고, 1839년 런던 경매에서 이 홍차가 고가로 낙찰되면서 본격적인 홍차 시대를 열었다. 다즐링은 중국과 비슷한 기후와 풍토를 가진 지역으로 중국종 차나무를 심게 되면서 인도에서 아삼 다음으로 차 생산에 성공하게 된다. 인도는 190년 이상의 오랜 차 제조 역사를 통해 전 세계 차 생산량의 23%를 차지하는 세계 차 생산국이 되었다. (약 120만 톤/2016년 Tea Board India)

1. 다즐링(Darjeeling)

■ 다즐링

1) 기후와 풍토

인도 북동쪽 해발고도 2,000m 이상의 히말라야 산맥의 영향을 받는 다즐링은 네팔, 부탄과 근접해 있고, 북쪽으로는 세계 3대 고봉인 칸첸중가산Kanchenjunga Mt.이 솟아 있다. 여름철에도 일교차가 10℃를 넘지 않는 서늘한 기후로 아침에는 안개가 자주 발생한다. 겨울철 최서 온도 또한 0℃ 이하로 내려가는 경우가 드물어 차 생산에 아주 좋은 영향을 미친다. 6~9월에는 우기가 되고, 11~2월에는 비가 감소하는 건기로 물 부족 현상이 자주 생기곤 한다. 토양은 대체로 산성으로, 차나무가 생육하기 좋은 질소와 칼슘 등을 많이 함유하고 있는 최적의 조건을 갖추고 있다.

■ 유네스코 세계 유산으로 지정된 토이트레인   ■ 히말라야 산맥의 칸첸중가산

■ 안개가 자주 끼는 다즐링 고산 지대

2) 역사

네팔어로 '천둥치는 계곡'이라는 의미의 다즐링은 1835년 시킴왕국에서 영국으로 양도되었고, 리조트를 위한 땅으로 개발되었다. 1840년 처음 개발하기 시작한 이는 영국 외과의사 캠벨 박사이다. 그는 다즐링 지역이 중국의 명차 생산지의 기후 및 토양과 비슷하다고 여겨 차 재배를 시작하였고, 이에 성공하며 1860년대까지 40개 가까이 되는 다원을 개간했다. 현재 약 86개의 다원이 운영되고 있으며 철도가 개설되는 등 차 산업과 리조트의 개발로 큰 발전을 이루게 된다.

■ 다즐링 지역의 티샵

■ 다즐링에서 맛보는 홍차

3) 채엽 시기와 제조 방법

다원의 입지와 높이에 따른 기상 조건에 따라 다소의 차이가 있을 수 있으나, 대부분 3월 중순에서 11월 하순 까지를 홍차 제조 기간으로 삼는다. 이때 가장 처음 새싹을 따는 퍼스트 플러시First flush, 1번차 혹은 춘차를 시작으로 세컨드 플러시Second flush, 2번차 혹은 여차, 몬순차Rain season tea, 어터멀Autumal, 가을차을 마지막으로 채엽한다. 제조 방법은 오서독스 제법이 주를 이룬다.

■ 다즐링 채엽

(1) 채엽 시기

① 퍼스트 플러시(Frist flush)

3월 중순에서 4월 하순에 가장 처음 채엽하여 생산하는 것을 퍼스트 플러시라 부른다. 선선한 기후에서 산화가 천천히 일어나기 때문에 홍차를 제조하게 되면 녹차와 같은 녹색이거나 암녹색의 찻잎이 많이 포함된 것을 볼 수 있다. 수색은 맑은 황색, 밝은 오렌지색이며 신선하고 산뜻한 향미와 수렴성 있는 떫은맛과 목 넘김이 부드러운 것이 특징이다.

② 세컨드 플러시(Second flush)

5~6월에 두 번째로 채엽되는 차로서 퍼스트 플러시 이후 짧은 휴면기약 3주를 가진 뒤에 충분히 성장한 싹과 잎을 채엽하는 것을 세컨드 플러시라 한다. 찻잎은 이 시기에는 발생되는 해충이나 바람, 건조 등에 스트레스를 받는데, 일 년 중 가장 좋은 품질을 만들어내는 시기이기도 하다. 세컨드 플러시에는 '무스카텔 플레이버Muscatel Flavor'라 불리는 향과 신선한 과일 계통의 향이 특징인 차가 제조된다. 외관은 어린 싹을 포함한 연한 갈색이며 수색은 맑은 오렌지색을 띤다.

■ 다즐링 퍼스트 플러시　■ 다즐링 세컨드 플러시　■ 퍼스트 플러시와 세컨드 플러시의 수색

③ **몬순차**(Rain season tea)

우기인 7~9월에 채엽되는 차로서 퍼스트 플러시, 세컨드 플러시, 어터멀과 비교하면 맛과 향이 부족하지만 제조 과정에서 산화의 강도를 높여 강한 맛을 만들어낸다. 다즐링 중에서는 비교적 낮은 가격으로 유통되는 것이 특징이다.

④ **어터멀**(Autumal)

세컨드 플러시 후에 오는 우기가 끝나고 난 다음 건기인 10~11월에 제조되는 제품으로, 비교적 양질의 차가 생산된다. 이는 퍼스트, 세컨드의 특징과는 달리 향이 약하지만 충분히 산화되어 어터멀 특유의 풍부한 맛과 향을 가진다. 외관은 녹색이 거의 없는 흑갈색이며 수색은 로지 다즐링Rosy darjeeling이라 불리는 깊고 진한 오렌지색 혹은 갈색을 띠고, 향이나 맛이 부드럽고 목 넘김 또한 부드러운 것이 특징이다.

(2) 제조 방법

① **채엽**(採葉) **후 위조**(萎凋, Withering)

찻잎의 수분을 줄이며 향기 성분을 만들어주고 유념을 시작하기 전에 수분을 줄여 찻잎을 부드럽게 만든다. 퍼스트 플러시는 7~8시간, 세컨드 플러시는 12~14시간 정도를 진행한다.

② 유념(揉捻, Rolling)

유념은 보통 40~45분 동안 진행하는데, 압력에 의해 찻잎이 파괴됨에 따라 차의 즙액 냄새와 색상 변화 정도를 체크하며 유념을 끝내는 시점을 체크하므로 전문가의 손길이 필요한 과정이다. 마찰열에 의한 찻잎의 뭉침과 고른 산화를 위해 유념 시 압력을 체크하고 변화를 준다.

③ 산화(酸化, Oxidation)

균일한 산화를 위해 찻잎을 쌓을 높이를 측정하며 온도와 습도를 체크해준다. 수분이 20% 남을 때까지 진행한다. 퍼스트 플러시는 산화 시간1시간~1시간 반을 짧게 하여 산화도가 높지 않고 녹차처럼 신선한 찻잎의 향과 산뜻한 맛을 낸다. 세컨드 플러시는 산화 시간이 퍼스트 플러시보다 조금 더 길며2시간~3시간, 산화로 인한 달콤하고 화사한 무스카텔 플레이버를 가져 홍차의 샴페인이라 불린다. 습도 유지도 산화 시 중요한데 습도가 낮을 경우 산화가 제대로 일어나지 않아 맛과 향이 부족하게 된다.

④ 건조(乾燥, Drying)

100~110℃에서 약 20~30분 동안 찻잎의 수분이 2~3% 정도 남을 때까지 진행한다.

⑤ 체별(體別, Sieving)

다즐링 홍차의 경우 어린 찻잎을 사용해 제조되므로 대부분 사람이 직접 손으로 크기별 등급을 구분하고 돌과 같은 이물질도 골라낸다.

⑥ 티 테이스팅(Tea tasting)

테이스팅 컵에 차를 우려내어 생산된 제품에 대한 품질을 평가한다.

■ 위조

■ 유념

■ 산화

■ 건조

■ 체별

■ 포장

■ 티 테이스팅

■ **홍차와 퀄리티 시즌 - 퀄리티 시즌의 찻잎은 왜 고가가 되는 것일까?**

찻잎의 채엽 시기는 차의 맛에 많은 영향을 미친다. 녹차는 이른 봄에 어린 싹을 채엽하여 만드는 차는 우전, 세작 등으로 불리며 가장 고급 품질로 판매되고 있다. 홍차도 녹차와 마찬가지로 채엽 시기에 따라 구분되며 이는 계절적인 영향을 기준으로 나뉜다. 홍차의 어린 찻잎을 채엽하여 최고의 맛을 내는 시기를 스리랑카에서는 퀄리티 시즌이라고 하고 인도에서는 퍼스트 플러시, 세컨드 플러시 등으로 불린다. 홍차의 찻잎은 1년 내내 수확이 가능하지만 상급의 찻잎이 어떤 시기에 재배되는지는 품종이나 산지로 구분된다. 이는 퀄리티 시즌의 찻잎이 산지 특유의 개성, 즉 맛과 향, 수색의 특징을 충분히 발휘하기 때문이다.

2. 아삼(Assam)

1) 기후

북히말라야산맥 남쪽에서 동쪽으로 팟카이산맥에 둘러싸인 아삼주는 동서로 긴 'T'자 형태로 형성되어 있다. 호수 중앙에서 서쪽으로 흐르는 히말라야를 원류로 하는 큰 강인 브라마푸트라Brahmaputra가 비옥한 토지를 형성했다. 이 브라마푸트라 강의 양쪽 50~500m에 이르는 경사지나 구릉지에 세계 최대의 홍차 다원이 조성되어 대량의 차가 생산되는 곳이 아삼 다원이다. 고온 다습하고 연간수량이 2,000~3,000m에 달하는 세계 유수의 다우 지대로, 3~6월 초는 기온이 35~38℃를 유지하고 6~10월간 비가 많이 내리는 우기와 짧은 가을을 지나 10월말부터 2월까지는 겨울이다.

2) 역사

1823년 영국인 로버트 브루스가 인도에서 아삼종 차나무를 발견했으나 그 당시에는 중국종만 차나무라고 여겨서 차라고 믿지 않았다. 이듬해 로버트 브루스가 사망

■ 쉐이드 트리가 있는 아삼 다원

■ 다우 지역으로 잘 정비된 배수로

하자 동생 찰스 브루스가 형의 유지를 받들어 인도 아삼에 홍차 산업을 세우기 위한 노력을 계속하였다. 결국 1838년 아삼 홍차가 런던 티 옥션에서 좋은 평가를 얻었고, 1839년 본격적인 차 재배를 위해 아삼 티 컴퍼니Assam Tea Company를 설립하였다. 이후 브라마푸트라 강 하류의 밀림을 없애 다원으로 변모시켜 대량 경영 방식의 농원이 형성되었고, 아삼 홍차의 생산이 활기를 띠게 되었다.

3) 채엽 시기와 제조 방법

2~3월에 퍼스트 플러시, 4~6월에 세컨드 플러시, 7~11월에 어터멀을 생산하고 겨울에는 휴면기를 보내는데, 세컨드 플러시로 생산되는 아삼 홍차가 가장 좋은 평가를 받고 있다. 초기에는 10~12ha헥타르 이하의 소규모 다원이 800개 이상이었으나 현재는 많은 다원이 합쳐져 연간 50만 톤 이상이 생산되고 있다. 그중 90% 이상이 CTC 제법으로 생산되고, 오서독스는 10% 정도이다.

(1) 채엽(採葉, Picking tea leaves)

2~3엽의 잎을 기준으로 채엽하며 5~6월에 세컨드 플러시가 가장 품질이 좋고, 휴면기를 제외하고는 대체적으로 연중 생산이 이루어진다.

■ 아삼종의 차나무

■ 아삼종의 찻잎

(2) 위조(萎凋, Withering)

채엽한 잎을 4~5시간에서 최대 10~14시간까지 위조를 진행하여 수분을 약 30%를 제거한다. 하단부에 팬이 있어 온도를 20~25℃ 정도로 유지한다.

(3) 로토르반(Rotorvane)

유념이 끝난 찻잎은 로토르반에 통과시킨다. 로토르반은 금속 통 안에 롤러식으로 톱니가 들어 있어 찻잎을 잘게 잘라 더 많은 양의 차즙이 나오게 하여 산화를 촉진시킨다. 보통 어린 찻잎보다는 큰 찻잎에 주로 쓰이며 CTC를 좀 더 균일하게 제조하기 위해 사용한다.

(4) CTC 머신(CTC machine)

회전수가 다른 두개의 롤러를 이용하여 로토르반을 통과한 찻잎을 찢고 둥글게 말아 제조하는 방식이다. 찻잎을 잘게 다져 만들기 때문에 산화의 속도가 빠르고 티를 우릴 때의 추출 속도도 빠르다.

(5) 산화(酸化, Oxidation)

일반적으로 80~85% 정도 유지되면 보통 80~90분간 산화하여 홍차가 완성된다.

(6) 건조(乾燥, Drying) 및 체별(體別, Sieving)

보통 건조는 약 15~20분간 진행되며 대부분 열풍 건조 방식을 사용한다. 수분이 2~3% 정도 남을 때까지 진행함으로써 유통이 가능한 형태로 만들어진다. 선별은 중량에 따라 진행되는데, 먼저 큰 사이즈를 체별한 다음 다른 체별기를 사용하여 BP, BOP를 체별한다. 마지막에 패닝Fanning과 더스트Dust가 나오게 된다.

■ 로토르반

■ 로토르반을 거친 찻잎

■ CTC 제조

■ 산화

■ 산화 전후의 찻잎 비교

■ 건조

■ 체별

■ 오서독스 아삼 OP

찻잎의 외형이 검은색 또는 갈색을 띠고, 수색은 진하나 투명감이 있는 붉은색이 특징이다. 향미는 비교적 부드러운 편이고 세컨드 플러시가 최상품으로 취급된다. 몰트 향과 우디(Woody)한 홍차 특유의 깊은 향과 농후한 단맛을 가지고 있다.

■ 인도식 밀크티 차이(Chai)

아삼CTC와 카다몬, 생강, 시나몬, 클로브, 육두구, 블랙페퍼 등의 향신료, 우유, 설탕을 함께 넣고 끓여서 만드는 인도식 밀크티이다 .

흙으로 구운 그릇에 담긴 차이

차이를 끓이는 모습

3. 닐기리(Nilgiri)

닐기리는 인도어로 '푸른 산'을 의미하며 닐기리 다원은 타밀나두주와 접해 있는 케랄라주, 카르나타카주에 연결되는 서고츠산맥西Ghats Mts. 일대를 가리킨다. 최대 산맥 2,623m의 서고츠산맥과 동고츠산맥 남단에 닐기리 언덕을 형성하는 이 구릉지는 고도 1,200~1,800m 내외의 고원으로, 인도 남단의 홍차 생산지이다. 낮 시간 동안 강렬하게 내리쬐는 햇볕을 막기 위해 다원에 셰이드  트리가 심어져 있다. 연간 강수량은 1,920mm이고 여름 최고 온도는 25℃, 최저 온도는 10℃, 겨울 최고 온도는 20℃, 최저 온도는 0℃ 등 연간 쾌적한 기후로 홍차 생산에 좋은 조건을 갖추고 있다.

1) 역사

닐기리가 푸른 산이라 불리는 이유는 구릉지의 모습이 푸른 아지랑이연무로 덮여 있는 것 같다고 하는 것과 언덕 위에 푸른 꽃이 피었기 때문에 푸른 언덕이라 불린다는 등 다양한 이야기가 전해 내려오고 있다. 이 지역은 19세기가 될 때까지 유럽에 알려지지 않았으나, 1810년쯤 영국 동인도회사가 이 지역을 조사했을 당시에는 유럽과 기후가 닮았을 뿐 별다른 성과는 없었다고 한다. 하지만 19세기 후반부터 철도가 개설되고 다즐링 지역에서 홍차 재배에 성공하면서 점차 닐기리에 대한 관심도 증가하게 되었다.

2) 채엽 시기와 제조 방법

스리랑카와 지리적으로 가까워 기후와 토양이 비슷하고 연간 재배가 가능한 닐기리 다원은 상당한 양의 홍차를 생산한다. 최대 생산량을 자랑하는 베스트 시즌은 1~3월로, 이 시기에 닐기리 홍차의 60% 이상이 생산된다. 연 2회 몬순 기후남서, 동북몬순의 영향으로 서쪽 측면은 1~2월, 동쪽 측면은 8~9월에 품질이 좋은 찻잎을 채엽한다. 생산량의 90% 이상이 CTC 제법으로 생산되고, 10% 정도가 오서독스 제법으로 제조된다.

02
인도양의 진주, 스리랑카

    인도양 대지의 선단, 인도양에 떠 있는 65,000Km 크기의 섬나라 실론은 1948년 영국에서 독립한 후 실론에서 스리랑카로 불리게 되었다. 섬 중부에서 남부까지 2,000m의 산맥이 연결되어 있는 스리랑카에서 상업적인 차 재배가 시작된 것은 1870년쯤으로, 병충해로 커피나무가 말라죽게 되자 그 대신 차나무를 심게 되면서부터이다. 이후 세계에서 손꼽히는 홍차 생산지로 거듭나며 매년 30만 톤 정도의 홍차가 생산되고 있다. (34만 톤/2016년 Tea Board India)

    스리랑카의 차나무 재배와 생산 확대에 가장 큰 영향을 미친 사람은 실론 홍차의

■ 스리랑카

신, 홍차의 아버지로 불리는 제임스 테일러James Taylor이다. 스코틀랜드 출신인 테일러는 스리랑카의 커피 농원에서 일하며 커피나무 재배에 뛰어난 재능을 보였고, 말라리아 예방에 도움을 주는 기나나무 재배에 성공하기도 하였다. 그러나 이때 몰아닥친 커피녹병으로 커피나무가 말라죽게 되었고 결국 커피 농원은 문을 닫게 되었다. 제임스 테일러는 험한 산간 지대인 룰레콘데라를 개간하여 아삼종 차나무를 심어 성공했다. 그는 커피나무 대신 차나무 재배에 성공했을 뿐만 아니라 생산 확대에도 많은 영향을 미쳤다. 특히 채엽의 경우 한 나무에서 지나치게 많은 잎을 채엽하면 이듬해 새순이 잘 나오지 않거나 성장이 부진하게 되므로 균형 잡힌 생산을 위해서는 채엽에 대한 기준과 노동자들의 관리가 중요하다. 테일러는 이에 대한 중요성을 깨닫고 생잎을 따는 기술에 집중했다. 또한, 그는 산화를 촉진하기 위한 유념기를 개발하여 홍차 산업에 큰 공헌을 하였다.

캔디 시내의 한 대장간에서 개발된 최초의 유념기 에지Edge는 유념 시 마찰열로 인해 찻잎의 산화가 오히려 멈추게 되기도 했다. 제임스 테일러는 에지의 재질이나 각도를 조절하는 등 기능을 보완하고 발전시켰고, 스리랑카 홍차 생산에 큰 영향을 미치게 되었다. 이 같은 노력으로 스리랑카의 홍차 산업을 일으킨 제임스 테일러는 사망 후에도 스리랑카 홍차의 아버지로 불리고 있다.

■ 제임스 테일러

■ 룰라콘델라 다원

■ 초기 유념기 '에지(Edge)'

스리랑카 다원은 해발고도에 따라 하이 그로운 티High grown tea, 미디엄 그로운 티Medium grown tea, 로 그로운 티Low grown tea로 구분한다. 해발고도가 높은 고지대의 하이 그로운 티High grown tea는 누와라엘리야, 우바, 딤블라, 우다푸셀라 등으로 대부분 서늘한 기후 조건으로 중국종 차나무가 많고, 미디엄 그로운 티Medium grown tea는 딤블라, 캔디 등으로 우렸을 때 투명감이 있는 오렌지색의 수색을 띠고 향기가 많으며 강한 상쾌함이 있는 떫은맛이 특징이다. 저지대에서 생산되는 로 그로운 티Low grown tea는 캔디, 루후나 등으로 홍차 특유의 쌉싸름한 떫은맛과 중후한 맛이 잘 나타나며 중동에서 인기가 높아 전체 양의 50%가 소비되고 있다. 스리랑카의 홍차 제조 방법은 대부분 오서독스 제법으로 이루어지고, 고지대에는 로토르반을 사용한 BOP 스타일의 차 생산이 늘고 있다.

◑ 해발고도에 따른 구분

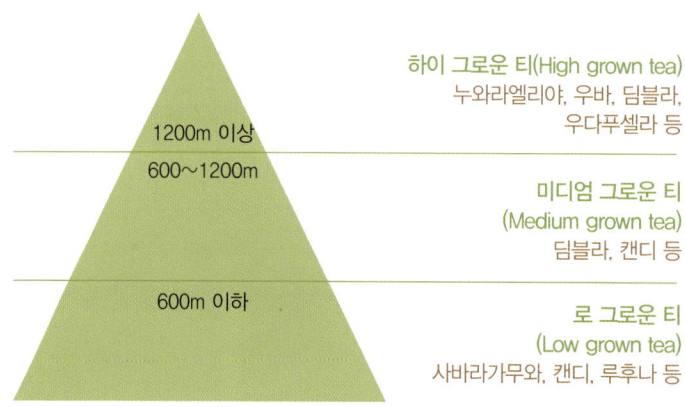

1. 우바 (Uva)

우바 홍차의 생산 지대는 스리랑카의 중앙에서 남부까지 넓게 퍼져 있는데, 산맥 지대의 동쪽 골짜기에 위치해 주로 수도인 바둘라Badulla 행정구에 속해 있다. 다원과 제다 공장은 벵갈만에 접해 있는 해발 1,000~1,600m의 하이 그로운 티 재배 지역에 위치하고 있다. 험준한 산맥의 봉우리와 골짜기에 있는 광대한 지구에 연결된 하푸탈레Haputale, 반다라엘라Bandarawela, 말와테Malwatte, 웨리마다Welimada 등이 우바에 포함된다. 스리랑카는 11~2월에 북동 몬순과 5~9월에 남서 몬순 등 연간 두 번의 몬순 기후가 영향을 주고, 3~4월과 10~11월에 우기가 있다. 특히 우바는 7~9월의 남서 몬순의 영향으로 계절풍이 산에 닿아 차갑고 건조한 바람이 불어 내려와 안개를 걷어내고 한 번에 찻잎을 건조시킨다. 이 시기의 우바는 특유의 향긋함과 풍부한 향으로 최고급 홍차로 취급되고 있다. 퀄리티 시즌 외의 찻잎도 인기가 없는 것은 아니다. 강한 떫은맛과 짙은 수색을 가지고 있어 밀크티에 잘 어울리므로 영국에서는 밀크티를 만들 때 주로 이용되고 있다

1) 역사

우바의 지명은 험준한 산맥과 골짜기에 부는 바람 소리에서 유래되었을 정도로 높은 고산 지대이다. 홍차 산업의 역사는 우바 지역의 커피 산업이 병해충으로 몰락하고 대신 차나무를 심게 되면서부터 시작되었다. 이후 1890년 토마스 립톤Thomas Lipton이 우바 다원을 구매하여 미개척 다원을 개발하고 제조 기술을 발전시키면서 우바 홍차의 생산량이 증대되기 시작했다.

립톤은 "상품은 직접 생산자로부터 구매하라"는 교육을 실천하기 위해 스리랑카에서 직접 홍차를 매입하며 신선한 홍차를 싼 가격에 팔 수 있는 다양한 방법을 고안했다. 예를 들면, 주문을 받고 포장했던 방식에서 벗어나 미리 소량으로 포장을 한다거나, 포장지에 립톤을 인쇄하여 홍보하고, 기존의 가격과 차별화되게 반값으로 판매하는 등 다양한 마케팅 활동을 통해 대표적인 홍차 회사로 자리 잡았다. 또한, 이에 머무르지 않고 나라마다 수질을 파악하여 그에 맞는 홍차를 적절하게 배합하여 판매하였다. 립톤은 차를 만드는 공장의 기계 설비를 최신으로 구비하고, 산 정상에서 채엽한 찻잎을 공장까지 보낼 수 있는 로프웨이Ropeway를 설치하여 대량 운반이 가능하게 하는 등 생산량과 효율성 증대에 많은 영향을 미쳤다.

■ 초기의 립톤 공장

■ 토마스 립톤

■ 립톤 아이스티의 지면광고

■ 립톤 광고가 붙어 있는 차량

2) 채엽 시기와 제조 방법

1년 중 특히 7~9월에 남서 몬순에 의해 남서쪽의 딤불라에 많은 양의 비를 내리게 되나, 동부의 우바에는 건조한 바람을 불어 타 생산지에는 없는 특징인 '우바 플레이버Uva Flavor'를 가진 퀄리티 시즌티를 생산하게 된다. 또한 우기의 영향을 받아 4~6월, 10~11월에 찻잎 생장이 잘 일어나 풍부한 생산기를 맞게 된다.

■ 채엽

■ 위조

■ 유념

■ 로토르반

■ 산화

■ 선별

■ 홍차의 등급

■ 찻잎의 구분

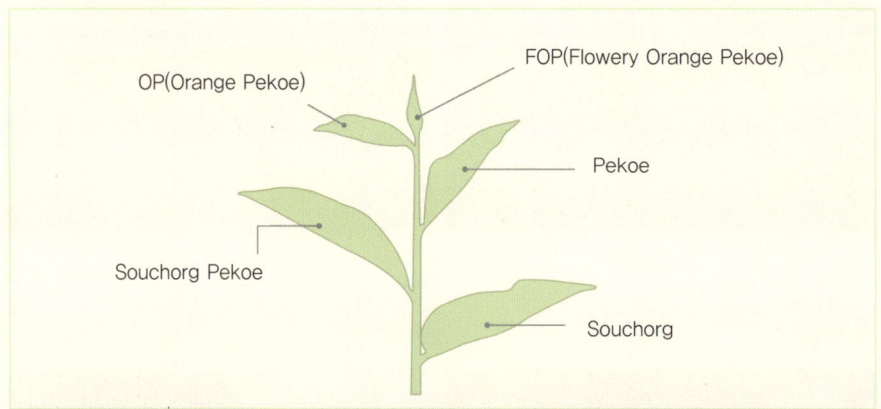

OP(Orange Pekoe)

FOP(Flowery Orange Pekoe)

Pekoe

Souchorg Pekoe

Souchorg

○ 홍차 등급

잎의 형태	표기 기호	내용
WHOLE LEAF (길쭉하고 뾰족한 찻잎)	SFTGFOP	Special Finest Tippy Golden Flowery Orange Pekoe
	FTGFOP	Finest Tippy Golden Flowery Orange Pekoe
	TGFOP	Tippy Golden Flowery Orange Pekoe
	GFOP	Golden Flowery Orange Pekoe
	FOP	Flowery Orange Pekoe
	OP	Orange Pekoe
	P	Pekoe
	PS, S	Pekoe Souchong, Souchong
Broken (부서진 찻잎)	TGFBOP	Tippy Golden Flowery Broken Orange Pekoe
	GFBOP	Golden Flowery Broken Orange Pekoe
	TGFBOP	Tippy Golden Flowery Broken Orange Pekoe
	FBOP	Flowery Broken Orange Pekoe
	BOP	Broken Orange Pekoe
	PEKOE, BP	Pekoe, Broken Pekoe
Fannings (잘게 부서진 찻잎)	GOF	Golden Orange Fannings
	FOF	Flowery Orange Fannings
	BOPF	Broken Orange Fannings
Dust (분말 찻잎)	OPD	Orthodox Pekoe Dust
	OCD	Orthodox Churmani Dust
	BOPD	Broken Orange Pekoe Dust
	BOPFD	Broken Orange Pekoe Fine Dust
	FD	Fine Dust
	D-A	Dust-A

홍차의 등급은 제조 공정 중 가장 마지막 단계에서 나뉘는데, 보통 다양한 크기를 가진 '메시(Mash) 망'에 따라 분류된다. 보통 찻잎의 형태와 크기를 표현하는 것을 등급 기준으로 삼지만, 차의 종류에 따라 품질이나 내용물에 대한 등급의 분류로 사용되기도 한다. 건조기에서 나온 찻잎은 그 길이가 2cm 정도 되는 것부터 작은 것까지 모두 섞여 있는 상태로 제조된다. 물론 이대로 티 포트에 넣어 마시는 것도 가능하지만, 작은 잎차는 빨리 추출되고 큰 잎차는 시간이 걸리기 때문에 추출한 홍차의 밸런스가 좋지 않아 풍미를 제대로 즐길 수 없다.

그렇기 때문에 찻잎을 메시 망으로 거르는 과정을 통해 찻잎 크기를 균일하게 하여 최종적인 홍차의 맛과 향을 표현하게 된다. 비슷한 크기의 찻잎끼리 모으는 이 작업을 재생 가공(Re-conditioning)이라고 하며 찻잎의 등급 분류 기준이 된다. 등급 분류 방법에 대해서는 인도, 중국, 스리랑카 등 생산국마다 차이가 있으며 차의 종류에 따라 조금씩 변하기도 한다. 엄밀히 말하자면 차의 일률적인 등급이라 하기에는 조금 무리가 있지만, 크기 구분을 통해 차의 맛과 향을 예상할 수 있기 때문에 찻잎을 분류하고 표기하는 것은 차를 고르는 소비자를 상대로 제품의 특성을 소개하고 마케팅적인 어필을 할 수도 있다.

① OP(Orange Pekoe, 오렌지 페코)

'오렌지'라는 이름으로 불리고 있지만 결코 오렌지 향이나 맛이 나는 것은 아니다. 중국의 차 중 흰색의 솜털로 덮인 싹을 사용한 '백호(白毫)'가 유럽에 소개된 때 발음상 '페코'라 전해들은 영국인이 'PEKOE'라고 지었다. 이후 차를 우려내면 수색이 오렌지와 같은 상큼한 색상을 띤다고 하여 오렌지 페코라고 번역한 것이 그 시작이라 하겠다. 현재는 대형의 홀 리프(Whole leaf) 타입을 가리킨다. 인도의 다즐링이나 아삼이 대표적인 형태로, 찻잎의 길이가 10~15mm 정도의 바늘 형태이기 때문에 어린 싹을 많이 포함하고 있고(Tippy), 수색은 오렌지 계열로 밝고 옅다. 특히 다즐링은 특유의 향과 맛을 살리기 위하여 대부분 이 유형으로 만들어지고 있다. 중국 기문홍차도 대부분 이 유형이지만 크기는 조금 더 작다. 스리랑카에서 생산되는 홍차에서도 일부 OP 유형이 생산되고 있다. 이 OP의 앞에 붙는 형용사적 단어인 FOP(Flowery Orange Pekoe)는 OP보다 어린 싹이 많이 포함되어 있는 등급을 표현하는 말이다. FTGFOP(Finest Tippy Golden Flowery Orange Pekoe), 직역하자면 '섬세한 금빛 싹을 많이 지닌 꽃향기가 나는 오렌지 페코 타입의 찻잎'이라고 표현할 수 있으며 많은 찻잎과의 차별화를 위해 무리하게 붙여진 이름이기도 하다. 주로 다즐링 홍차에 사용되며 보통은 품질이 좋은 경우에 쓰이는 용어들이지만 표시에 상관없이 맛, 향, 수색 등을 바르게 감정하는 것이 중요하다.

② P(Pekoe, 페코)

오렌지 페코의 뒤를 잇는 형태로 5~7mm 길이의 찻잎이다. 굵직하게 비비는 찻잎으로 조금 딱딱한 생잎으로 만드는 것도 가능한 등급이다. 중국 및 한국에서는 1심 2엽으로 채엽 기준을 정하는데, 이때 2엽에 해당하는 등급이다.

③ PS(Pekoe Souchong, 페코 소총)

페코보다 아래에 위치한 잎으로 조금 더 잎이 크고 견고하며 향기, 수색 모두 엷고 맛도 담백한 것이 특징이다. 소총(Souchong, S)은 페코 소총의 아래 단계 잎을 사용한 것으로 청차 등 향기가 중요한 차를 만들 때 사용한다.

④ BP(Broken Pekoe, 브로큰 페코)

페코를 절단한 것으로, 모양도 작고 평평한 형태이며 잎차 혹은 티백용으로 사용이 가능하다.

⑤ BOP(Broken Orange Pekoe, 브로큰 오렌지 페코)

본래 오렌지 페코 등급의 잎을 잘게 자른 것으로, 사이즈는 2~3mm이지만 품질로서는 굉장히 우수한 것이다. 추출 성분이 빠르고 진하게 나오는 것이 특징으로 단시간에 추출이 가능하며 자극적인 상쾌한 떫은맛과 향을 골고루 가지고 있다. 스리랑카에서는 이 형태가 가장 많이 생산되며 고급 홍차의 대명사로 알려져 있다. 퀄리티 시즌에 제조된 것은 오렌지 페코와 같이 TGFBOP 등의 꾸밈 형용사가 앞에 붙여진다.

⑥ BOPF(Broken Orange Pekoe Fannings, 브로큰 오렌지 페코 패닝)

형태는 BOP 보다 더 작고 1mm 정도의 크기이다. 추출 시간은 1~2분간에 굉장히 빠르고 농후한 바디감이 특징이다. 이 특징을 잘 살리기 위해 밀크티로 이용되거나 블랙퍼스트 용도의 잎차 혹은 티백에 사용하는 경우가 많다.

⑦ F(Fannings, 패닝)

크기는 BOPF와 크게 다르지 않은 1mm 정도의 것이지만, 품질은 BOPF보다 조금 떨어진다. 특히 향이 약하게 느껴진다. 빠른 시간에 수색이 진하고 떫은맛이 강하며 묵직한 바디감을 연출할 수 있어 티백에 주로 사용된다.

⑧ D(Dust, 더스트)

찻잎 중에서 가장 작은 사이즈이다. BOP와 BOPF를 만들 때 나오는 등급으로, 품질 좋은 BOP를 만들 때 나오는 더스트는 꽤 고가에 거래되며 추출한 수색이 진하고 풍미도 풍부하기 때문에 양질의 티백에 사용된다.

2. 캔디(Kandy)

캔디의 차 경작지는 스리랑카 중앙산맥 중심부에 속해 있다. 다원과 제조 공장은 해발고도 660~1,300m에 위치하며 스리랑카 산지 중 루후나Ruhuna에 이어 낮은 지대에 위치한 다원이다. 캔디 다원은 산맥과 나란히 부는 온화한 바람이 불어 연강 수량이 1,800~2,000mm, 연 평균기온이 24~25℃ 전후이고, 연간 최고 기온이 30℃ 전후, 최저 기온이 20℃ 전후로 온화한 기후를 가진다. 따라서 계절풍 영향을 받기 어렵고 완만한 언덕 지대에 펼쳐져 있는 캔디 지방의 다원은 1년 내내 기후 변화가 적어 돌출된 특징이 없는 평범하고 안정된 품질의 홍차가 생산된다. 더불어 떫은맛을 내는 탄닌의 양이 적기 때문에 아이스티를 제조하여도 백탁 현상이 잘 생기지 않아 활용도가 높은 홍차이다.

1) 역사

캔디는 싱할라Sinhala 왕조의 마지막 수도이자 석가의 치아를 모신 사원인 불치사佛齒寺가 있는 불교의 성지이며 스리랑카의 문화적, 역사적 중심부이다. 실론 홍차의 아버지로 불리는 제임스 테일러는 스코틀랜드에서 이곳으로 이주해 1852년까지 차 생산을 연구했으며, 1866년에 룰레콘데라에 아삼종의 종자를 파종하고 재배에 성공해 스리랑카 홍차 재배에 큰 기여를 하였다. 스리랑카는 1825년부터 커피 재배를 시작하여 1850년대까지 8만 에이커약 1억 평 이상의 커피 다원을 가지고 있었다. 그러다 1839년, 차의 종자가 인도에서부터 페라데니아 식물원에 도착해 제임스 테일러에

■ 채엽 작업이 한창인 캔디 다원

의해 차나무 연구와 재배가 시작되었다.

2) 채엽 시기와 제조 방법

　기후 변화가 적은 지리적 특징으로 1년 내내 찻잎이 생산되며 강수량이 많은 4~5월과 10~11월에 생산량이 다소 줄어든다. 차 제조 방법은 오서독스 제법과 세미 오서독스 제법을 중심으로 이루어지며, CTC 제법도 일부 쓰이고 있다. 캔디 홍차는 붉은색을 띠며 떫은맛과 부드러운 맛, 향긋한 향미를 가지는데 이 같은 부드러운 향미는 스리랑카의 중부 지대에서 생성되는 홍차의 특징이기도 하다. 생산량이 많은 고산 지대 홍차인 우바, 딤불라 등에 비해 캔디에서 생산되는 홍차의 양은 절반 정도이며 브랜드로 많이 사용된다.

■ 채엽과 채엽 후 찻잎 무게 측정

3) 루후나(Ruhuna)

루후나는 싱할라어스리랑카의 싱할라족의 언어로 '남쪽'을 의미하는데, 특정한 지명을 의미하는 것은 아니고 해발고도 600m 이하의 저지대 차 생산지를 부르는 말이다. 대표적인 차 생산지는 마타라 행정 구역에 속해있으며 연안의 평지에 있는 다원부터 남쪽 끝에 있는 싱하라자Sinharaja 아열대 우림 지역까지 넓게 퍼져있다.

중앙산맥의 남서평야가 넓은 라트나푸라Ratnapura와 케갈레Kegalle 행정구역이 속해 있는 사바라가무와Sabaragamuwa주도 로 그로운 지역에 포함된다.

1) 역사

1948년 영국 식민지에서 독립한 뒤 스리랑카에 속하게 된 다원은 8% 이상이 영국 기업이 소유하고 있다. 루후나 이외에 나머지 홍차 산지는 모두 실제 지명이지만, 루후나는 옛 왕국의 이름이다. 현재는 사바라가무와로 불리고 있는 지역이지만 홍차 산지를 표시할 당시 편의상 루후나라고 불렀던 것이다. 1972년 스리랑카 정부는 탈식민지화를 목적으로 토지계량법을 시행하였고 외국계 농원을 국유화하게 되었는데, 대규모 다원을 국유화하는 과정에서 유능한 관리자와 기술자가 국외에 유출되었다. 인종 저항도 일어나 차 산업 환경이 어수선해지자 1992년에는 정책을 수정하여 다시 홍차 산업이 부흥하게 되었다.

2) 채엽 시기와 제조 방법

차의 생산이 연간 이루어지고 있으며, 고온다습한 날씨로 인해 차나무 성장이 빨라 7~8일 만에 찻잎 채엽이 가능하다. 4~5월, 10~11월 우기에 생산량이 늘어난다. 전형적인 오서독스 제법으로 생산되는 루후나 지역의 홍차는 산화 정도가 강해 수색이 진하고, 독특한 훈연 향과 깊은 풍미가 있으면서도 떫은맛의 정도가 적당하여 마시기 쉬운 편이다. 그래서 블랙티나 밀크티로 다양하게 음용된다. 찻잎이 작으면 홍차를 우릴 때 탄닌이 많이 추출되기 때문에 떫은맛이 진해진다. 그렇기 때문에 큰 사이즈의 찻잎을 사용함으로써 단맛이나 농후한 맛을 내고, 떫은맛을 줄이는 제조 방법이 사용된다. 루후나는 퀄리티 시즌이 없어 일 년에 14~15회 수확이 이루어진다. 오서독스 제법의 특색을 잘 살리기 위해 긴 시간을 들여 산화시킨다. 원래 기온이 높기 때문에 산화가 쉬운 환경이지만 거기에 독특한 특징을 더 만들기 위해 산화 시간을 90~120분 정도 길게 하고 있다. 누와라엘리야는 찻잎을 단 10분 만에 산화시킨다는 것을 생각해본다면 이 산화 시간이 얼마나 긴 편인지 알 수 있다. 최근 수요가 증가하여 스리랑카 홍차 생산량의 절반 이상에 달하게 되었으며, 루후나 지역의 차나무는 아삼 계열의 차나무가 주를 이룬다.

4. 누와라엘리야(Nuwara Eliya)

누와라엘리야는 스리랑카 차 재배지 중 가장 높은 해발 2,000m 이상에서 재배되는 지역으로 누와라엘리야 행정구에 속해있다. 이 지역에는 스리랑카의 최고 산맥인 피두루탈라갈라Pidurutalagala산이 있어 낮밤의 큰 일교차, 냉기가 내려앉는 야간의 온도차, 그리고 건조한 바람이 유례가 드문 향미를 가진 찻잎을 키워낸다. 산맥 정상과 가까우며 남서, 북동 몬순 기후의 영향으로 1~2월, 6~7월에는 맛과 향이 뛰어난 퀄리티 시즌티가 생산된다. 연간 평균기온이 16℃, 겨울에는 10℃ 이하로 내려가거나 간혹 눈이 내리기도 하며 연간 강수량은 1,900~2,000mm에 달하는 하이 그로운 티로 어떤 곳보다 해발고도가 높은 산지이다. 낮 기온은 20~25℃이고 아침저녁은 5~14℃로 비교적 서늘한 날씨이며, 일교차가 크기 때문에 이로 인해 생성되는 누와라엘리야티 특유의 떫은맛을 가진다. 하루의 온도차가 크면 클수록 탄닌 함유량이 많아져 자극적인 떫은맛을 만들어낸다. 강한 떫은맛과 함께 특유의 향도 떨어지지 않게 하기 위해서는 누와라엘리야 제조 시 산화도를 낮추거나 찻잎의 크기를 조절하는 등의 공정을 하고 있

■ 스리랑카 고산 지대 누와라엘리야

다. 누와라엘리야티는 하이 그로운 티만의 꽃향기 및 과일 향과 맑은 오렌지색의 수색이 매력적이기 때문에 스트레이트티로 추천한다.

1) 역사

　누와라엘리야는 대지 위의 길이란 뜻으로 19세기 초에 영국인이 개발하면서 알려졌다. 영국인들이 골프나 여가를 위한 리조트지로 개발하며 리조트 잉글랜드라 불렸으며 서늘한 기후와 비옥한 토양 조건으로 차나무를 심기 시작하며 다원이 조성되었다. 지금도 남아 있는 영국풍 건물이나 시설은 당시의 풍경을 알 수 있다. 1840~1842년, 페라데니야 식물원에서 실험적으로 차를 재배하여 다량의 차나무 생산이 이루어졌다. 그 후 1880년대에 차 제조 기술의 개발과 차 제조 공장의 설립이 활성화되면서 지금의 유럽의 사람들이 피서로 찾는 리조트로 영국식으로 지어진 호텔 형태를 유지하게 되었다.

2) 채엽 시즌과 제조 방법

누와라엘리야는 스리랑카에서 고도가 가장 높은 곳1,600~1,800m에 있는 하이 그로운 티지만, 대부분의 다원이 1,700m 이상 고지대에 조성되어 있고 바람, 서리, 강한 일광이 있는 고지 특유의 기후 조건 속에서 찻잎이 자라난다. 중앙산맥과 연 2회 몬순 기후의 영향으로 1~2월, 6~7월에 퀄리티 시즌티와 더불어 최고의 생산량을 기록한다. 서늘하고 냉랭한 지역에 위치하여 산화가 늦어지므로 제조 방법에 로토르반을 사용하는 경우가 많으며, 오서독스 제법으로 일부가 생산된다. 대부분의 제조 과정은 우바 홍차 제조 과정과 유사하다. 찻잎은 산화

■ 오렌지빛 수색의 홍차

에 의해 점점 색이 진해지는데, 누와라엘리야는 낮 기온이 그리 높지 않기 때문에 공장 내의 실온 역시 낮아 산화의 진행이 느려 홍차를 우리면 연한 오렌지빛 수색이 특징이다.

◐ 세계 차 생산량

국가명	생산년도(단위 1,000kg)	
	2014년	2016년
중국	2,095,717	1,924,457
인도	1,207,310	1,208,780
케냐	445,105	432,400
스리랑카	338,032	340,230
베트남	175,000	214,300

＊ 출처 : Tea Board India

03
차의 발상지, 중국

　차의 발원지라 불리는 중국은 유럽에서 차가 음용되기 시작한 17세기 초에 특히 영국의 압도적 지지를 얻은 부분산화차류산화도가 높은 청차류에서 18세기 후반에서 19세기에 이르면서 산화도를 높인 홍차류를 생산하게 된다. 그 당시 제조된 홍차는 영국에서는 잉글리시 블랙퍼스트라 불리며 높은 인기를 얻었다. 19세기 후반 이후에 대규모 집약농법과 기계화로 인해 품질과 가격이 안정되었으나, 영국 홍차인도, 스리랑카 홍차에 눌려 세기말에는 그 입지가 역전되어 중국의 주요 차 생산지 소비량이 감소하게 되었다. 이로 인해 중국 내에 여러 혼란이 일었으나 현재 차 생산량은 국제통계에 따르면 150만 톤에 이르고 세계 1위의 차 생산지이다. 그중 홍차는 7~10만 톤 정도로 절반은 수출용이다. 중국의 차 생산지는 남서 지구 고원 지대에 있는 윈난, 쓰촨, 열대부터 아열대까지 다양한 기후를 아우르는 화남 지구의 광둥, 푸젠, 광시 등에서 생산되고 있다.

1. 기문홍차(祁門紅茶, Keemun)

1) 기후
기문홍차가 제조되는 산지는 중국 화동 지방의 내륙에 위치하고 있는 안후이安徽,

안휘성 남서부, 황산시 기문현에 위치한다. 이 지역은 장시江西, 강서성과 경계를 맞대고 있고 세계적인 명산인 황산이 솟아있으며 안휘에서 강서로 흐르는 창강천 상류의 우측에 위치한다. 기문홍차의 다원은 구릉 지대 중심에 위치하며 장시, 후난湖南, 호남, 저장折工, 절강 등 아열대의 대규모 다원이 있다. 연강수량 2,300mm로 대부분 4월에서 8월에 70% 이상이 집중되어 있고 겨울에는 대부분 건조하다. 기온은 여름에는 평균적으로 20℃ 전후로 최고 온도와 최저 온도의 차이는 크지 않으나 습도가 높고, 겨울철에는 빙점 이하를 기록하기도 한다. 기후를 구분하자면 아열대에 속해 연간 평균기온은 높지만 산에 가까운 지역은 일교차가 크며 연중 200일 이상 비가 온다. 이 기후 풍토는 홍차의 차나무 재배에 영향을 주어 인도나 스리랑카와는 또 다른 특별한 맛을 만들어낸다.

■ 기문홍차 다원

2) 역사

18세기말 주요 수출국인 영국으로 보내는 차는 보이차가 주류를 이루었는데, 영국의 요청으로 산화도가 높은 공부홍차로 변화하다가 지금은 중국 홍차를 대표하고 있다. 인도의 다즐링, 스리랑카의 우바, 중국의 기문은 세계 3대 홍차로 불리며 그 맛과 향을 인정받고 있다. 명나라 시대에서 1870년대까지는 안휘성 남서부가 녹차 생산지였으나 1870~1880년대에 탁월한 꽃향기를 지닌 기문홍차가 탄생하면서 중국의 브루고뉴라 칭송받게 되었다. 특히 1915년 파나마 만국박람회에서 기문홍차는 인도와 스리랑카 홍차와는 달리 맑은 수색과 난꽃, 사과, 꿀 등의 달콤함과 부드러움이 절묘한 균형을 이루는 탁월함을 인정받으면서 세계 3대 홍차로서 인정받게 된다.

■ 기문홍차

세계적인 명성을 얻은 기문홍차는 관직을 관두고 고향인 안후이 성에 돌아온 여간신余干臣이라는 인물이 만들었다. 1876년 좋은 품질의 찻잎으로 기문홍차를 만들어 내는 데 성공한 그는 홍차 공장을 설립하였다. 19세기에 들어서면서 기문홍차는 영국 왕실에서 사랑받는 홍차가 되었으며, 오늘날에도 여왕의 탄생일에는 기문홍차를 마시는 습관이 남아 있다.

3) 채엽 시기와 제조 방법

거의 4월에서 9월 사이로 최상품은 5월에 생산되는데, 생산량은 500톤 정도이며 이 가운데 최상품의 생산량은 약 10%에 달하고 차나무는 내한성이 강한 중국종이다. 기문홍차는 전문적으로 차를 제조하는 사람에 의해 정성스럽게 채엽된 차를 제조하고 완성하여 만들어지는데, 이처럼 많은 공정을 거쳐 완성되기 때문에 '공부홍차工夫紅茶'라고 불린다. 전통적인 오서독스 제법으로 OP 타입의 찻잎을 만드는데 위조, 유념을 거친 찻잎은 그대로 산화대에 올린다. 아열대라고 해도 초봄에는 기온이 그렇게 높지 않아 산화가 느리다. 기문홍차는 인도의 아삼 홍차처럼 대량 소비가 아닌 어린 찻잎이 가지고 있는 특별한 향미를 가능한 한 살리는 것이 중요하기 때문에 등급은 OP로 생산된다. 이 큰 사이즈의 찻잎이 산화를 통해 다양하고 복잡한 기문홍차만의 맛과 향이 만들어진다. 수확은 보통 연중 4~5회 이루어지며 특급품으로 여겨지는 것은 4월부터 5월 사이에 생산된다.

2. 정산소종(正山小種, Lapsang souchong)

중국 푸젠성 북부에 있는 무이산 근처는 홍차의 발생지로 알려져 있으며 17~18세기 영국으로 수출된 보이차의 생산지이기도 하다. 특히 무이산 동목촌은 송나라 말부터 녹차를 만들어오다 17세기 초 정산소종이라는 완전산화차를 함께 만들었는데, 18세기 후반이 되면서 영국으로 가장 많이 수출하는 홍차로 자리 잡았다. 정산소종은 제조 과정 중 소나무를 태워서 찻잎을 건조시켜 만든 특유의 훈연 향이 특징으로 원조 가향 홍차라고 할 수 있다. 의도적으로 향기를 입혀 만든 것은 아니지만, 당시에 산화나 건조를 위한 열을 얻기 위해 소나무를 태우는 과정에서 발생한 연기가 찻잎에 자연스럽게 배어들면서 개발되었다. 현재는 출하하기 전에 보다 강한 향을 얻기 위해 여러 번 소나무 향기를 입히는 공정이 이루어진다.

정산소종의 공장은 대부분 목조건물로 1층에서 찻잎의 수분을 건조시키고 2층에서 유념이나 산화가 진행된다. 이때 소나무를 태우게 되면 그

■ 무이산의 풍경

■ 무이산 정산소종

연기가 1층, 2층에 자연스럽게 배어들어 찻잎에 특유의 향이 생겨서 다른 홍차와 구분되는 특징을 가지게 되었다. 정산소종에서 '소종'은 남중국산의 거칠고 큰 찻잎과 비교하여 작은 찻잎을 사용한 것을 뜻하는데, 나중에는 귀중한 찻잎이라는 의미를 가지게 되었다. '정산'의 뜻은 무이산을 가리킨다. 유럽에서는 정산소종을 현지식 발음을 영어식으로 읽어 '랍상소종Lapsang Souchong'이라고 한다.

1) 채엽 시기와 제조 방법

정산소종은 일 년에 두 번, 5월 중순과 6월 하순부터 7월 사이에 찻잎을 딴다. 하루에 보통 6~7kg, 많게는 10kg을 채엽한다. 그리고 선반 모양의 판자에 찻잎을 고르게 펼쳐 놓는다. 이 선반 밑에서 소나무를 태워 그 연기와 열풍으로 찻잎의 수분을 40~50% 정도 제거한 후 유념한다. 그 다음 산화시켜 마지막으로 다시 소나무 불로 건조시키는데, 동양보다 유럽에서 판매되는 정산소종이 더 훈연 향이 강하다.

찻잎 외관은 검은 색 잎차 타입으로 수색은 진한 홍색이다. 떫은맛이 적고 특유의 훈연 향과 부드러운 맛이 특징이다. 정산소종과 기문에 공통적으로 있는 훈연 향은 경수硬水로 우려낼 경우 향기가 감소하는 대신 깊은 맛이 더욱 진해지므로 매력적인 맛이 연출된다. 정산소종은 청차 같은 독특한 맛과 더불어 미묘한 향을 가지는데, 이는 무이산 지방에서 생산되는 용안龍眼이라는 나무열매의 향과 비슷하다고 알

■ 정산소종 공장

려져 있다. 정산소종은 특유의 풍부한 향을 즐기기 위해서는 스트레이트티로 마시는 것이 제일 좋다. 영국에서는 스모크 연어와 체다 치즈와 함께 곁들여 마시기도 하며 애프터눈티로 즐기는 경우도 많다. 일반적인 홍차와 비교하면 개성이 뚜렷한 향기 때문에 영국에서는 기문홍차와 함께 전통적인 중국 홍차로 인기가 지금까지 이어지고 있다.

3. 운남홍차(雲南紅茶, Yunnan)

윈난성은 중국 남서부에 위치하며 서부는 미얀마, 남부는 라오스 와 베트남에 근접하고 북서부는 베트남 자치구와 가깝다. 이 윈난성에서 생산되는 홍차를 운남홍차 혹은 전홍이라 부른다. 남부의 저지대는 아열대, 북부 고산 지대는 아한대 기후이고, 차 생산지가 가장 많은 남부 진남의 산간 지역은 해발고도가 1,000~2,000m에 이르는 고지대로 근처의 강이 깊은 계곡을 형성하고 있다.

1) 역사

윈난은 보이차의 산지이자 진원지로 예부터 티베트에 차를 운반한 차마茶馬 교역이 유명했다. 또한, 윈난성 남부의 서쌍판납부터 국경을 접하는 라오스 북구 샴마와 아삼에 근접한 산간 지대가 차나무의 원산지라고 알려져 있는 서쌍판납설을 뒷받침해주는 중요한 차 산지이다. 중국에서는 차나무 종류가 중국종이라 불리는 소엽종부터 이보다 큰 찻잎인 대엽종, 중간 형태인 중엽종 등 다양하게 발견되고 있다. 이 지역에는 1870년 이전 자연 번식해 있는 차나무를 이용하여 차 생산이 행해졌으며 20세기 후반에는 운남대엽종이라 불리는 종을 재배하여 홍차와 흑차에 사용하게 되었다.

2) 채엽 시기와 재배 방법

생산 시기는 3~11월 사이로 3~4월에는 봄차, 5~7월에는 여름차, 8~9월에는 우기차, 10~11월에는 가을차가 생산된다. 대엽종 차나무의 어린잎을 1~3째 잎까지 따서 제조하면 황금색 싹을 가진 홍차가 제조되는데, 특히 봄에 따는 차를 최고급으로 친다. 제조 방법은 기본적으로 전통제법인 오서독스 제법이 행해지고, 일부는 CTC 제법으로 생산된다.

운남홍차의 찻잎은 흑갈색으로 밝은 갈색의 큰 잎들이 포함되어 있고, 수색은 적갈색부터 오렌지색을 띤다. 떫은맛이 약하고 부드러운 단맛이 있으며 깊은 맛이 적당히 느껴지고 특유의 스파이시한 향미가 있다. 대개 아삼 홍차와 형태는 비슷하나 아삼 홍차만큼 맛과 향이 강하진 않고, 부드러운 향과 맛으로 목 넘김이 부드러워 많이 사랑받고 있다.

04

홍차의 신흥 강자, 아프리카

최근 들어 홍차의 생산량이 많이 급증한 나라는 아프리카를 들 수 있다. 특히 케냐는 2011년 기준으로 377,012톤을 생산한 전 세계 차 생산량은 4,217,143톤 중국과 인도 다음의 차 생산국이다. 이뿐만 아니라 말라위, 우간다, 짐바브웨이 등이 차 생산에 박차를 가하고 있다. 아프리카 나라들이 차를 생산하기 시작한 것은 19세기 말로, 모두 영국의 식민지였을 때다. 영국의 식민지 시절 다원이 만들어진 뒤 독립 후에도 주요 산업으로 계속 이어지고 있는 것이다. 이 나라들은 홍차 외에도 커피나 설탕, 향신료 등을 생산하는 농업국이었으나 홍차 산업이 시작되면서 홍차의 수요 수출국으로 자리 잡게 되었다.

1. 케냐(Kenya)

1) 역사

홍차 산지로서의 역사는 1903년 이후에 다원이 조성되면서부터 시작되었다. 영국의 식민지 시절 영국의 아삼 다원에서 가져온 아삼종이 나이로비 서쪽과 케리초Ker-icho, 난디Nandi 등에 심겨졌다. 영국으로부터 독립하기 전에는 케냐인이 홍차를 재배하거나 다원을 경영을 하는 일이 금지되어 있었으며, 1924년 이후에서야 기업 경영이 이루어졌다. 그렇기 때문에 본격적으로 생산을 시작한 것은 1963년 독립을 한 이후부터였으며 이 시기부터 케냐 다업개발기구KTDA의 주도로 소규모 농원의 차 재배에서 벗어나 대량생산 시스템을 갖추게 된다. 본격적으로 CTC 머신을 이용한 대량생산으로 점점 생산량을 늘려 2005년부터 스리랑카를 제치고 중국, 인도와 함께 세계 3대 홍차 생산국으로 꼽히게 되었다. (43만 톤/2016년 Tea Board India)

인도양을 접하고 있는 동아프리카 적도 아래에 위치하는 케냐는 열대 기후에 속하지만 국토 전체의 해발고도가 높기 때문에 우리가 알고 있는 열대 이미지와는 조금 다르다. 특히 다원은 해발고도 1,500~2,700m의 고산 지대에 위치하고 있어 최고 기온이 25℃ 안팎인 서늘한 기온을 유지한다. CTC 제법을 쓰지만 높은 해발고도와 선선한 기온 덕분에 부드럽고 순한 맛을 지닌 홍차가 만들어진다. 이 같은 홍차는 주로 티백에 사용되며 맛과 향은 무난하지만 수색은 진하게 나오기 때문에 밀크티로 많이 이용된다.

2) 채엽 시기와 제조 방법
홀 리프 타입부터 CTC 타입까지 다양한 타입의 차가 만들어지고 있지만, 케냐의 홍차는 대부분은 CTC 홍차이다. 1년 중 우기와 건기가 존재하지만 기후의 변화가 크지 않아 퀄리티 시즌이라고 불릴만한 특별한 시기는 없다. 그렇게 때문에 1년 내

■ 채엽

■ 산화

내 생산이 가능하며, 비교적 품질 차이가 크지 않은 안정된 맛과 향을 가진 홍차를 생산한다. 케냐에서 홍차 산업이 본격적으로 시작된 것은 세계적인 재차 기술의 기계화가 진행된 1960년대로, CTC 기계로 인해 차를 제조하는 기술이 빠르게 도입되었기 때문이다. 다른 산지와 기본적으로 다르지는 않지만, 케냐는 찻잎의 성장이 빠르기 때문에 더욱 많은 홍차 생산이 가능했다. 재배 후 1~2주 정도가 지나면 다음 찻잎을 채엽할 수 있기 때문에 대량의 찻잎을 연이어 CTC 기계를 이용하여 제조하게 되었다.

2. 말라위(Malawi)

아프리카 남동부에 위치한 말라위는 말라위 호수를 중심으로 남북으로 뻗어 있는 나라이다. 1860년 영국의 식민지가 된 이후 1885년 스코틀랜드의 에리 모릭 박사가 영국식물원에서 차나무를 가져오면서 홍차 재배가 시작되었고, 20세기에 들어서 아삼종을 본격적으로 재배하며 농원을 조성하였다. 1964년 영국에서 독립한 후 1970년 재배 면적을 확대하며 대부분을 수출용 홍차를 제조하고 있다.

3. 우간다(Uganda)

영국의 식민지였던 우간다는 20세기 초에 인도와 스리랑카에서 수입한 차의 종자를 엔테베 식물원에서 육성시켜 재배하기 시작했지만, 1993년까지는 그 다지 재배 규모가 확대되지 못했다. 1962년 영국으로부터 독립한 이후 1986년 쿠데타를 잠재운 요웨리 무세베니Yoweri Kaguta Museveni가 대통령이 된 후 평화가 유지되면서 본격적으로 홍차 산업이 발전하게 된다. 특히 내란 속에서도 홍차 재배 규모는 계속 증가하여 아프리카를 대표하는 홍차 산지로 발전 중이다.

4. 탄자니아(Tanzania)

1905년 독일인에 의해 처음 홍차 재배가 시작되었다. 본격적으로 홍차 제조가 시작된 것은 1926년 공장이 세워진 이후이다. 그 전까지는 수작업으로 겨우 생산을 이어가고 있었다. 현재는 탄자니아 내에 21개의 농원이 있고 CTC 제법으로 차를 생산하고 있다. 수색이 옅고 과일을 닮은 향이 나는 홍차로 알려져 있다.

5. 짐바브웨(Zimbabwe)

1800년대 후반에 홍차 제조가 시작되었고, 아프리카 국가 중에서도 홍차의 역사가 가장 긴 나라이다. 스리랑카 홍차와 맛과 향이 비슷하며 깔끔하고 투명감이 있는 홍차를 생산하고 있다. 요즘은 홍차 산업에 종사하는 인력이 부족해 문제가 되고 있다. 특히 숙련된 기술을 필요한 차를 따는 사람이 부족해 일본에서 차 따는 기계를 도입하는 등 홍차 생산량을 확보하려는 데에 심혈을 기울이고 있다.

6. 남아프리카공화국(Republic of South Africa)

루이보스티로 유명한 나라이지만 홍차도 생산하고 있다. 1877년부터 홍차 재배를 시작하여 아프리카 지역 중에서도 홍차의 역사가 가장 길다. 제조 시기는 11~3월까지이고, 해발고도 1,000m의 농원에서 자라는 홍차 '줄루티Zulu tea'가 유명하다. 이 줄루티는 특히 영국에서 고급 홍차로 사랑받고 있다.

7. 카메룬(Cameroon)

1910년대에 처음으로 인도인에 의해 홍차 재배가 시작된 이후 카메룬산 일대에서 홍차가 재배되고 있다. CTC 제법으로 제조된 홍차는 특별한 깊이가 있으면서도 투명함이 있는 붉은 수색이 아름답다. 특히 우유를 넣으면 잘 어우러지는 맛과 수색을 가진 홍차여서 밀크티로 마시기에 적당하다. 프랑스나 영국 외에도 근접한 나라인 수단 등에 수출하고 있다.

05
그 외 아시아

1. 일본(Japan)

가루로 된 말차抹茶와 편의점 등에서 페트병에 담겨 판매되는 다양한 차 음료로 더욱 유명한 일본은 차 생산량의 90% 이상이 녹차이다. 그중에서도 증기로 쪄서 만드는 방식, 선명한 녹색과 특유의 감칠맛을 만들어내기 위한 기온과 강수량연평균 기온 10~18℃, 연평균 강수량 1,500mm 이상, 지리적 해풍이 만들어내는 특유의 향미를 중심으로 미국, 유럽 등에서 사랑받고 있다. 특히 센차, 겐마이차, 말차, 호우지차 등 녹차를 현미와 혼합하거나 혹은 햇볕을 가려 키우거나 혹은 로스팅 강하게 하여 독특한 개성을 만들어내고 있다. 또한 페트병 음료, 특정 보건용 식품, 과자, 케이크, 아이스크림 등 식품뿐만 아니라 생활용품에도 다양하게 활용되고 있다.

중국 송나라에서 차나무 씨앗을 가져와 일본에 심은 것에서 출발한 일본차는 당시 일본의 수도였던 교토에서 본격적으로 재배되기 시작하였으며, 차 특유의 효능뿐만 아니라 차를 즐기는 문화가 상류층의 문화로 인식되면서 점차 확대되었다. 특히 센노 리큐는 일본 특유의 차 문화인 차노유茶の湯를 통하여, 차를 마실 때는 겸손하고 소박하며 자연과 조화로운 분위기와 함께 차를 즐기는 사람들 간의 존경과 예의를 다하는 문화로 발전시켰다.

일본차는 차 생산량의 50% 이상을 차지하는 시즈오카현, 일본의 옛 수도로 잘 알려진 교토, 일본의 남단에 위치한 가고시마현 등에서 생산되며, 특히 교토의 우지는

■ 말차와 다과

■ 말차를 활용한 디저트

■ 티를 활용한 음료

■ 티를 활용한 목욕용품

고급 말차의 산지로도 유명하다.

2. 대만(Taiwan)

1590년 무역을 위해 방문한 포르투갈인들에 의해 아름다운 섬이란 뜻의 포르모사Formosa라는 이름이 붙여졌다. 중국 푸젠성 남동부 해안에 위치한 섬나라로, 생산되는 대부분의 차는 이주한 중국인에 의해 기술이 전파된 것이다. 이후 최초의 일본 식민지가 되었다가 제2차 세계대전이 끝나고 중국공산당과 내전에서 패한 국민당이 대만으로 이전하여 그 체제가 유지되고 있다. 1868년 영국 무역상이 대만에 가공 시설을 세우면서 대만의 차 생산과 수출이 본격화되자 지형적, 환경적 이점이 더해져 대만차 특유의 향과 맛을 살려 산화도를 다양하게 만든 청차가 유명해졌다.

국토의 절반 이상이 해발 200m 이상이며 기온은 13~28℃ 사이로 온화해 차 재배에 적합한 지형을 갖추고 있으며, 특히 해발 3,000m가 넘는 지역의 차밭에서는 최고 품질의 고산차가 생산되고 있다. 대만의 대표적인 차산지는 신죽현으로 동방미인으로 불리는 백호우롱이 유명하다. 동방미인은 소녹엽선이라는 벌레가 찻잎을 갉아먹고 이로 인해 산화 후 생겨나는 밀 향과 특유의 수색, 꽃향기가 잘 어우러지며 대만 청차 중에서는 높은 산화도로 인해 부드러운 맛이 일품이다. 특히 이 벌레는 유기농 환경에서만 자라기 때문에 더욱 각광받고 있다.

남투현에서는 동정우롱차가 유명하고 대북현에서는 특유의 은은하고 섬세한 꽃향기와 과일 향으로 유명한 포종차가 생산된다. 청차뿐만 아니라 일월담이라는 홍차도 생산되어 특유의 잘 익은 과일 향과 부드러운 맛으로 사랑받고 있다.

9. 인도네시아(Indonesia)

인도네시아는 적도 바로 아래에 위치한 약 1만 7천여 개의 섬으로 이루어진 나라이며 이 가운데 홍차 재배가 이루어지고 있는 지역은 자바, 수마트라 등이다. 네딜

란드의 식민지 시절인 1826년 네덜란드 동인도회사가 중국종 재배에 성공하였으나 차 생산을 관리하기 시작한 것은 1890년이 넘어서부터이다. 2차 세계대전 후 네덜란드에서 독립하게 된 인도네시아의 다원들은 황폐화되었고, 1958년 다원이 국유화되면서 1965년 이후 생산량이 늘어나게 된다. 자바와 수마트라는 해발고도가 낮게는 300m에서 높게는 1800m에 달하는 산맥들이 분포하여 낮과 밤의 일교차가 크지만, 연중 계절 변화가 크지 않아 품질이 안정된 홍차가 생산된다. 오서독스 제법이 주를 이루지만 최근에는 CTC 제법으로도 생산되고 있다.

인도네시아의 대표적인 홍차인 자바 홍차는 스리랑카 미들 그로운 티의 향미와 닮았는데, 떫은맛이 약하고 순하면서도 스파이시한 맛이 특징이다. 수마트라에서 제조되는 홍차는 떫은맛이 적지만 풍부하고 깊은 맛이 있어 전체적으로 마일드한 자바와 비교하여 깊은 맛을 가진다. (13만 톤/2016년 Tea Board India)

10. 베트남(Vietnam)

베트남은 지리적으로 중국의 윈난성과 광시성, 동쪽으로 라오스와 캄보디아를 경계로 하며 아열대성 기후와 열대 몬순 기후의 영향을 받아 베트남 북부에서는 비옥한 토양과 이상적인 자연환경으로 녹차, 홍차 등을 생산한다. 1820년대 프랑스인이 이주하면서 차 산업이 시작되었으며 제2차 세계대전을 겪으면서 잠시 하향세를 보였으나 녹차에 연꽃 향을 입힌 차나 홍차 CTC 등이 생산되며 생산량의 80%이상을 수출하는 대표적인 차 수출국이다. 특히 베트남 차 협회가 CTC 제법의 안정화, 품질 향상, 다원 확충 등을 지원하며 꾸준한 성장세를 보이고 있어 최근 케냐와 더불어 새로운 차 생산지로 각광받고 있다. 녹차보다 홍차의 생산량이 늘고 있는 추세이며 전 세계 차 생산량의 4% 이상을 차지하고 있다. (21만 톤/2016년 Tea Board India)

TEA
MASTER
티마스터

4장

티의
추출

01
티 테이스팅

티 테이스팅Tea tasting은 티의 맛과 향, 산화 정도, 수색 등을 전반적으로 평가하는 전문적인 작업으로, 이를 통해 티를 객관적으로 평가하고 티 음용 방법을 만들어가기 위한 가장 기본적이고 중요한 과정이다. 따라서 지속적으로 꾸준한 연습과 반복을 통해 맛과 향의 강도를 훈련해간다.

■ 티 테이스팅

■ 티 테이스팅 준비물

먼저 마른 찻잎의 향과 형태를 눈으로 확인하고, 찻잎을 티 테이스팅 컵과 볼^{품평배}
^{와 품평완}을 사용하여 우려낸 다음, 우려낸 수색을 다시 눈으로 확인하며 향기를 맡고,
티 테이스팅 스푼을 이용하여 티의 맛과 향을 본 뒤, 우려진 잎을 확인한 다음, 다시
전체적으로 맛과 향을 본 후 마무리한다.

티 테이스팅은 중국에서 시작되었으며 단순히 티의 특징을 알기 위한 것을 넘어
티의 좋고 나쁨을 평가하는 품평 기준으로 사용되어왔다. 하지만 티의 산화 정도, 티
의 종류, 제조되는 나라의 환경과 방식, 티를 즐기는 나라의 물의 조건 등이 동일하
지 않기 때문에 좋고 나쁨의 기준을 정할 수는 있지만 절대적일 수는 없다. 또한, 티
를 클래식으로 즐기기 위해 선택하느냐 혹은 블렌딩용으로 선택하느냐에 따라서도
기준이 달라진다. 따라서 티마스터는 티 테이스팅을 통해 특징을 파악하고 적절히
블렌딩을 하며, 이를 이용할 레시피를 가이드할 수 있어야 한다.

1. 티 테이스팅 순서

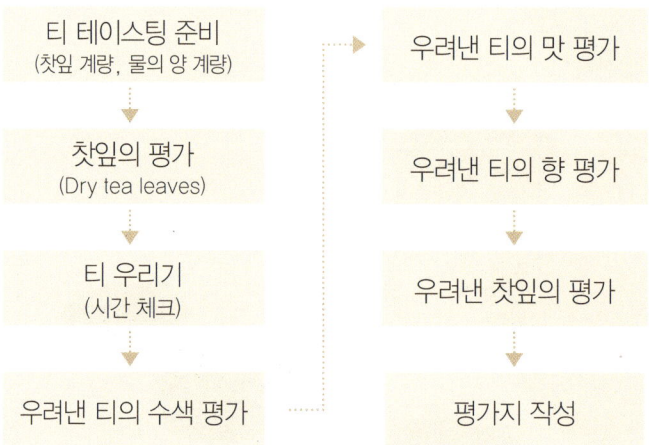

티 테이스팅 준비 (찻잎 계량, 물의 양 계량)	→	우려낸 티의 맛 평가
찻잎의 평가 (Dry tea leaves)		우려낸 티의 향 평가
티 우리기 (시간 체크)		우려낸 찻잎의 평가
우려낸 티의 수색 평가		평가지 작성

2. 티 테이스팅 용어

◐ 찻잎의 외관(Tea leaves)

Twisted, Curly	고르게 잘 말려진(Curl)
Attractive, Stylish	색, 모양, 품질이 균형 있게 잘 만들어진
Even, Make	크기가 고른, 등급에 맞게 고른 크기의
Uneven, Mixed	찻잎의 크기가 불균일한, 색상이 불균일한
Choppy	잘게 잘린
Stalky	줄기가 많은
Yellow, Yellowish	잎의 색이 황색을 띠는
Greenish	녹색의
Red, Reddish	잎의 색이 붉은빛이 도는
Brownish	갈색, 적갈색의

◐ 향미(Flavor)

Round, Smooth	은은한, 부드러운
Vegetal, Herby, Fresh	풀, 야채, 허브 향이 나는, 신선한
Floral	꽃향기가 나는
Fruity	과일 향 또는 맛이 나는
Spicy	시나몬, 생강, 클로브 등의 향신료 향이 나는
Smoky	훈연 향이 나는, 스모키한, 훈제 같은
Sweet	달콤한 향 또는 맛이 나는
Malty	맥아 향이 있는, 맥아 같은 맛
Nutty	견과류 향이 나는
Earthy	흙냄새가 나는, 낙엽의, 뿌리 식물의 향이 나는
Body	묵직한, 깊은 맛이 있는
Brisk, Astringency, Pointy	상쾌한, 기분 좋은 떫은맛이 있는, 강한, 떫고 쓴맛의
Bitter	쓴맛이 있는
Umami	감칠맛이 있는
Strong	향과 맛이 강한, 자극적인, 뚜렷한 맛이 있는
Flat, Plain, Weak	향과 맛이 약한
Finish, Aftertaste	입안에 티의 향과 맛의 여운이 남는
Rich	향기롭고 맛 좋은, 품질이 좋은
Woody	나무 향이 있는
Muscatel	머스캣 같은

● 수색(Liquor)

Bright	수색이 선명한
Light	수색이 연한
Thick	수색이 짙은
Greenish	연둣빛의, 녹색의
Yellow, Yellowish	노란빛의, 맑은 녹색의
Orange	호박빛의, 오렌지빛의
Red, Reddish	붉은빛을 띠는
Brownish	갈색빛을 띠는
Creamy	백탁이 있는
Blackish	짙은 갈색의, 검정에 가까운 갈색을 띠는

02
티 추출 기본

티는 물에 우려내야 하는 기호음료이므로 티의 특징에 따라, 물의 종류에 따라, 도구의 특징에 따라 추출 조건을 다르게 해야 티의 특징을 살려 추출할 수 있다.

1. 티의 특징 확인하기

1) 티의 산화 정도

(1) 산화 여부에 따라 – 비산화와 산화차의 추출 조건 설정

비산화차는 온도가 높을수록 녹차 폴리페놀 특유의 날카로운 떫은맛과 쓴맛이 빠르게 추출되므로 오랜 시간을 우려낼 경우 감칠맛과의 균형이 깨지기 쉽다. 산화차는 산화로 인해 형성된 바디감과 떫고 쓴맛의 균형을 맞추기 위해 일정 시간 이상을 우려내야 하며 사용하는 물의 온도는 산화도가 높을수록 향과 맛을 표현하려면 80℃ 이상의 물이 좋다.

(2) 산화 정도에 따라 – 부분산화차의 추출 조건 설정

부분산화차의 산화도가 낮을 경우, 특유의 꽃을 연상케 하거나 싱그러운 허브 같은 향을 가지고 있지만 날카로운 떫은맛이 함께 존재하므로 우려내는 시간을 조절해야 한다. 또한, 향과 맛을 잘 표현할 수 있는 찻잎의 상하 운동인 점핑 현상이 티를 우려내는 추출 도구 안에서 충분히 일어날 수 있도록 교반스틱을 사용해주면 좋다. 특히 중국의 완전산화차는 대부분 산화 시간이 길어 티의 맛과 향을 충분히 우려내기 위해서는 찻잎이 펴지는 것을 눈으로 확인하는 것이 좋다. 부분산화차의 경우, 포유가 되어 있는 청차나 산화도가 높은 청차는 물의 온도가 떨어지지 않도록 자사호를 사용하기도 하며, 찻잎이 완전히 펴져 향기와 맛이 충분히 우러날 수 있어야 하기 때문에 여러 번 우려도 상관없다. 이 같은 청차도 높은 온도의 물로 찻잎을 한번 씻어주는 과정을 통해 찻잎이 잘 우러날 수 있는 조건을 만들어주면 좋다.

(3) 발효에 따라 – 발효차의 추출 조건 설정

발효차의 경우 발효, 숙성 과정을 짧게는 몇 개월, 길게는 몇 년의 시간이 보낸 티이므로 뜨거운 물로 찻잎을 한 번 씻어주는 과정을 통해 잘 우러날 수 있는 조건을 만들어주면 좋다.

2) 유념의 정도에 따른 차이

(1) 오서독스 방법의 추출 조건 설정

오서독스는 주로 해발고도가 높은 지역의 찻잎이나 찻잎이 특유의 향기 성분을 많이 포함하고 있어 이 향을 잘 표현하기 위해 주로 쓰이는 방법이다. 이는 물의 온도가 높거나, 찻잎이 물에 잘 젖을 수 있도록 해주는 공간이 필요하다. 처음에 티가 우러나기까지의 시간이 오래 걸리므로 바디감이 약하게 느껴지지만, 시간이 지날수록 찻잎 속의 성분이 추출되기 때문에 단시간에 걸러내기 보다는 일정 시간 이상을 우리는 것이 필요하다.

(2) CTC 방법의 추출 조건 설정

CTC는 잘게 잘려져 있고 빠르게 산화가 되어 특유의 바디감 있게 느껴지는 떫은 맛을 가지고 있지만, 전체적으로 무게감이 오래가지 못하므로 적은 양으로도 홍차의 맛과 향을 충분히 즐길 있다. CTC의 양을 늘리면 초반 추출력이 강하고 수색이 진하게 우러나와 밀크티로 활용하기 좋다.

(3) 세미 오서독스의 추출 조건 설정

찻잎이 잘려 있지만 특유의 향미 성분 표현력이 좋으며 상쾌한 떫은맛이 있는 티부터 묵직한 바디감이 있는 티까지 다양하여 아이스티 혹은 밀크티로 활용하기 좋다. 세미 오서독스 찻잎은 저지대일 경우에도 높은 온도에서 일정 시간 이상 점핑이 충분히 일어나 찻잎 속의 성분이 추출되면 특유의 떫고 쓴맛의 바디감이 좋아 아삼과 같은 특징을 살릴 수 있다.

2. 도구에 따른 추출 특징 이해하기

1) 단순 침지 방식 : 티 포트, 내열 유리 포트, 클레버, 티 인퓨저, 프렌치프레스, 자사호 등

(1) 티 포트(Tea pot)

　찻잎이 잘 움직이는 점핑 현상을 일으킬 수 있는 둥근 형태로 된 것이 좋으며 보온이 잘 되는 도자기나 본차이나 재질을 가장 추천한다. 본차이나Bone china는 가볍고 날렵한 곡선의 표현력이 좋지만 유색일 경우 찻잎의 움직임이나 찻잎이 펼쳐지는 모습이 보이지 않기 때문에 사용하는 데 불편할 수 있다. 티 포트를 이용해서 티를 우릴 때는 스트레이너를 이용해 서브 포트로 우려내는 것이 티의 맛과 향을 최적의 상태로 즐길 수 있다.

■ **티 포트로 추출 : 서브 포트와 티 스트레이너 사용**

■ **티 추출시 사용되는 기본 도구**

서브 포트, 티 스트레이너(거름망), 교반스틱, 초시계, 계량 스푼, 보온 포트, 저울, 리넨, 퇴수용 계량컵 등

(2) 내열 유리 포트(Heatrresistant glass pot)

티의 수색을 즐기기 위한 제품 중 온도
유지를 위해 내열 유리 포트를 사용한다.
내열 유리 포트는 점핑 현상을 일으킬 수
있는 둥근 형태로 된 것이 좋다.

■ 내열 유리 포트

(3) 클레버(Clever)

클레버는 기본적으로 커피를 추출하고 드리퍼의 필터로 서버 위로 걸러내는 방식
이 합쳐진 형태이다. 클레버를 이용하여 티를 우려낼 때는 티의 사용량은 보통 2~3g
정도, 물 양은 200g 정도를 사용하여 찻잎이 물에 충분히 젖어들어야 티가 지닌 특유
의 향미를 표현할 수 있다. 티 인퓨저보다 바디감 있는 티를 우려낼 수 있다.

■ 클레버

(4) 티 인퓨저(Tea Infuser)

티 인퓨저는 티를 우려내기 위해 추출 공간의 크고 넓게 생겨서 티가 물에 우려지는 동안 점핑이 충분히 될 수 있는 공간이 마련되어 있다. 유사한 추출 도구로는 대만의 표일배가 있다. 일정 시간이 지난 후에 서버 위로 걸러내는 방식으로, 기호에 맞게 서버에 티를 전부 걸러내기도 하고 우려내는 동안의 맛과 향을 깊이 있게 즐기려면 천천히 조금씩 잔에 직접 걸러내면서 티를 즐겨도 좋다. 사진과 같은 티 인퓨저는 티의 종류에 상관 없이 모두 활용 가능하다.

■ 티 인퓨저

(5) 프렌치프레스(French Press)

프렌치프레스는 분쇄된 커피에 뜨거운 물을 붓고 일정 시간을 추출한 후 플런저Plunger를 눌러서 커피가루를 걸러내는 방식으로, 추출된 모든 성분을 그대로 맛볼 수 있지만 과다 추출이 되어 다소 텁텁한 느낌을 줄 수도 있다. 하지만 풍부한 커피 향을 즐길 수 있고 간편하게 사용할 수 있다.

■ 프렌치프레스

프렌치프렌스에 티를 우릴 경우, 오서독스로 제조된 찻잎을 사용할 때는 플런저를 끝까지 빼고 초반에 교반 역할을 해주어 찻잎이 충분히 물에 젖을 수 있게 해야 한다. 2분 이상 우리는 시간을 갖고, 물의 온도는 80℃ 이상을 추천한다. 세미 오서독스나 CTC는 찻잎 양을 적게 쓰고 찻잎을 걸러 내지 않고도 티의 맛을 바디감 있게 즐길 수 있는 장점이 있다. 하지만 초반에 떫은맛이 빠르게 추출되므로 티의 양과 물의 양을 반드시 체크해야 한다.

(6) 자사호(紫沙壺)

중국의 청차, 홍차, 발효차를 우려내는 대표적인 차도구로서 높은 온도를 유지하면서 티를 우려낼 수 있다는 장점이 있다. 자사호는 철이 함유된 자사紫沙라고 하는 흙으로 반죽하여 만든 자니紫泥로 만들어지며, 자주색을 띠는 자니와 회백색 또는 회녹색을 띠는 녹니綠泥, 홍갈색을 띠는 홍니紅泥로 나뉜다. 자사호는 자사라는 재료적 특성과 고온1,100~1,200℃으로 굽는 과정에서 티의 맛과 향을 잘 보존하고, 유약을 입히지 않아 양호養壺를 통해 흙냄새를 제거시키고, 기공에 찻물이 스며들게 하여 자연스러운 향과 맛, 광택을 만들어 사용한다.

■ 자사호를 이용한 티우리기

(7) 융 드립(Flannel drip)

미세하게 갈린 커피를 물과 함께 끓여 마시는 터키식 커피 추출법은 마시고 나면 입안에 커피 가루가 남게 되는데, 이를 천으로 걸러 마시게 되면서 '융 드립'이 생겼다. 융은 천 한쪽에 털이 보송하게 있기 때문에 드립 추출을 할 때 물과 커피가 함께 머무는 시간이 길어지므로 추출력이 상승하게 된다. 따라서 융 드립에 티를 우리게 되면 티와 물이 머무는 시간이 길어져 효율적으로 원하는 티의 향과 맛을 표현하여 티를 우려낼 수 있다. 특히 향을 표현해야 하는 오서독스의 경우에는 풍부한 향미를 살릴 수 있는 것이 특징이며, 드립 횟수나 시간을 늘려갈수록 바디감도 연출할 수 있다. 또한, 티는 커피보다 향미 성분과 지방 성분이 많지 않으며 허브, 블렌딩티와 같이 다채로운 향미를 지니고 있지 않으므로 융 드립을 구분하여 사용하는 것이 효율적이다.

■ 융 드립

2) 침지 가열 방식 : 이브릭, 밀크티팬

(1) 이브릭(Ibrik)

터키식 커피라 불리는 이브릭은 열전도율이 높은 동 재질로 만들어져 미세하게 갈린 커피가루를 물과 함께 넣은 다음 반복적으로 불 위에서 끓여 내는 방식이다. 티를 넣어 사용할 때는 물을 넣고 먼저 끓인 후 불 위에서 내려두고 티와 끓인 물을 1~2분 이상 우려낸 후 다시 불 위에서 우유와 설탕, 향신료 등을 넣고 1분 이상 끓이면 완성된다. 다만 반복적으로 끓여서 사용하면 티의 떫은맛과 쓴맛, 텁텁한 맛이 강

■ 이브릭

해져 당 함량을 높이게 되고, 일정 시간이 지나면 떫은맛이 쓴맛으로 변하게 되므로
끓는 시간을 잘 조절해야 한다.

(2) 밀크티팬(Milk tea pan)

밀크티팬은 밀크티를 만드는 방법 중 티와 우유를 넣고 끓이는 인도식 방법에 사
용하는 도구로, 주로 밀크팬을 사용한다. 법랑 밀크팬, 스텐인리스 밀크팬, 동 밀크
팬 등 소재와 색상이 다양하다. 다만 티와 우유를 넣고 함께 끓이면 특유의 바디감
연출은 가능하나 떫은맛과 우유의 단백질이 고온에서 변성되어 다소 거칠고 텁텁한
맛이 생길 수 있다. 그러니 밀크팬에 먼저 물을 끓인 후 티를 넣고 1~2분 정도 우려낸
다음 우유를 넣어 함께 끓인 뒤 완성된 밀크티를 즐기는 것을 추천한다. 단맛을 추가
하고 싶다면 우유를 넣을 때 설탕을 같이 넣어주면 된다.

■ 밀크티팬

3) 침지 가압 방식 : 에스프레소 머신, 사이폰, 에어로프레스

(1) 에스프레소 머신(Esspresso machine 티 포타필터용)

스팀 밸브

추출 버튼

압력 게이지

스팀 노즐

전원 스위치

그룹 헤드   포타필터

부품	기능
보일러 (Boiler)	열선이 내장되어 있어 전기로 물을 가열해 온수와 스팀을 공급하는 중요한 역할을 한다. 본체는 동 재질로 되어 있으며 내부는 부식을 방지하기 위해 니켈로 도금이 되어 있다.
그룹헤드 (Group head)	티 또는 에스프레소 추출을 위해 물이 공급되는 부분으로 포타필터를 장착하는 곳을 말한다.
개스킷 (Gasket)	추출 시 고온 고압의 물이 새지 않도록 차단하는 역할을 한다.
디퓨저/샤워 홀더 (Diffuser/ Shower holder)	그룹헤드 본체에서 한 줄기로 나온 물이 홀더를 지나면서 4~6개의 물줄기로 갈라져 필터 전체에 골고루 압력이 걸리도록 해준다.
디스퍼전 스크린 (Dispersion screen)	샤워 홀더를 통과한 물을 미세한 수많은 줄기로 분사시키는 역할을 한다.
포타필터 (Portafilter)	티 또는 분쇄된 커피를 담아 그룹헤드에 장착시키는 기구를 말하며 필터홀더와 필터고정 스프링, 필터, 추출구 등으로 구성되어 있다.
펌프모터 (Pump motor)	압력을 7~9bar까지 상승시켜주는 역할을 한다. 이상이 생기게 되면 물 공급이 제대로 되지 않아 심한 소음이 나게 되며 또한 압력이 올라가지 않게 된다.
솔레노이드 밸브 (Solenoid valve)	물의 흐름을 통제하는 부품으로서 보일러에 유입되는 찬물과 보일러에서 데워진 온수의 추출을 조절하는 역할을 한다. 그룹헤드에 부착된 3극 솔레노이드 밸브는 티 또는 커피 추출에 사용되는 물의 흐름을 통제한다.
플로우 미터 (Flower meter)	티 또는 커피 추출 물량을 감지해주는 부품으로서 고장이 나면 추출 물량이 제대로 조절되지 않게 된다.

티 전용 포타필터에 찻잎을 담아 충분히 침지시킨 후 고압의 물이 통과하면서 향미 성분을 용해시키며 찻잎의 제조 방법에 따라 공극률Porosity이 변하고 추출 속도가 조절된다.

① 티 침지 과정

그룹헤드에서 티 전용 포타필터를 분리한 다음 찌꺼기의 유무에 관계없이 리넨Linen을 얇게 잡고 필터바스켓 내부를 깨끗이 닦아준다. 필터바스켓 내부에 찻잎을 담고 레벨링 후 티 전용 포타필터에 장착하기 전에 과열된 물을 흘러버리고 프리인퓨징을 3~4초정도 가져 티 포타필터에서 티가 우려질 수 있도록 한다.

② 티 추출 과정

프리인퓨징 이후 티의 제조 방법에 따라 1차 추출을 위한 침지 시간을 가진 뒤 추출량 20~25ml, 2차 추출의 선택 여부 및 2차 추출을 위한 침지 시간을 보내고 추출량 20~25ml 추출한다. 티 포타필터로 추출 시에는 압력과 고온으로 인해 4~5배의 떫은맛과 쓴맛이 추출되므로 이에 알맞게 희석하여 사용한다.

(2) 사이폰(Siphon)

밀폐된 용기에 물을 끓이면 증기가 발생하고 그 압력으로 물이 다른 용기로 이동하게 되는데, 이때 커피의 원하는 추출 정도를 정한 후 가열을 중지하면 다시 압력이 떨어지면서 원상태로 복귀하는 방법이다. 증기압을 이용하여 추출력을 높여 시간의 효율성을 높여주는 방식이다.

사이폰을 사용하여 티를 우릴 때, 초반에는 향과 쓴맛이 추출되고 시간이 지날수록 떫은맛의 추출 속도가 빨라지므로 적은 양의 티로 빠른 추출이 이루어질 수 있다. 티의 향과 맛을 살려 바디감 있는 연출을 하기 위해서는 티의 양과 시간을 조절해야 한다. 오랜 시간 추출하게 되면 티의 방향 성분을 빠르게 잃게 된다. 또한, 물의 양을 줄이고 티의 양을 늘려서 추출 후 우유를 부으면 손쉬운 밀크티 제조도 가능하다.

■ 사이폰으로 스트레이트티 만들기

■ 사이폰으로 밀크티 만들기

(3) 에어로프레스(Aeropress)

에어로프레스는 필터를 끼운 체임버Chamber, 주사기 실린더에 해당하는 부품를 컵이나 서버 위에 올린 다음, 분쇄한 커피를 담고 뜨거운 물을 부은 뒤 교반스틱으로 젓고 침지 후 플런저Plunge, 주사기 피스톤에 해당하는 부품를 끼우고 천천히 눌러서 공기압을 이용해 커피를 추출하는 기구이다. 이를 이용해 티를 우려낼 때 티의 부족한 바디감을 만들고자 한다면, 에어로프레스를 거꾸로 사용해 티를 넣고 물 양을 적게 넣어 일정 시간 침지한 후 공기압을 통해 티에서 향미 성분을 짜내는 역할을 하여 편리하게 티를 추출할 수 있다. 특히 밀크티 레시피를 만들거나 과일을 이용한 아이스티 레시피를 만들 때 유용하게 사용할 수 있다. 휴대와 세척이 용이해 야외에서도 사용할 수 있고, 초보자도 쉽게 쓸 수 있어 커피뿐만 아니라 티에서도 다양한 활용이 가능하다.

■ 에어로프레스로 우려내기

3. 물의 종류에 따른 추출 특징 이해하기

티는 물에 우려내어 마시는 기호음료이므로 물의 종류에 따라 영향을 받는다. 특히 물의 경도Hardness는 물속에 함유되어 있는 경도 유발 물질에 의해 나타나는 물의 세기를 말하는데, 칼슘과 마그네슘, 칼륨 등의 물질이 많이 함유되어 있어 경도가 높은 물을 경수, 반대로 경도가 낮은 물은 연수라고 한다.

뜨거운 물을 이용하여 티를 우려 마시는 경우에 보통 적게는 1g에서 많게는 3~4g의 찻잎을 이용하므로 물에 더 많은 영향을 받게 된다. 특히 티가 우려진 찻물의 색, 즉 수색과 목 넘김과 입안의 무게감에 영향을 준다. 중국에서는 홍차紅茶라고 부르지만 유럽에서는 블랙티Black tea라고 하는 이유가 여기에 있다.

■ 에비앙　　　　　　　　■ 볼빅　　　　　　　　■ 삼다수

◉ 에비앙, 볼빅, 삼다수의 성분 비교

	에비앙	볼빅	삼다수
칼슘	80.6	13.2	3.3
칼륨	1	6.7	0.5
마그네슘	28	9.1	2.7
나트륨	0	0	0

연수로 티를 우려내면 향기 성분과 맛 성분의 추출을 극대화할 수 있다는 장점이 있지만 추출 시간을 길어질수록 성분이 과다 추출되어 떫은맛이 강해진다. 경수로 티를 우려낼 경우에는 향기 성분의 추출이 제대로 되지 않고, 맛 성분 또한 미네랄과 결합해 티를 우려낸 수색은 진해지지만 떫은맛과 쓴맛은 적게 추출되고 미네랄의 결합이 입안에서는 바디감으로 느껴지게 된다. 티 포트에 티를 넣고 우린 다음 스트레이너로 걸러 마시는 유럽의 애프터눈티 스타일처럼 우리나라의 연수를 이용해 찻잎을 포트에 넣고 유럽식으로 즐기게 되면, 시간이 흐름에 따라 향기 성분뿐만 아니라 맛 성분도 계속 우러나와 설탕이나 레몬, 우유로는 균형감 있게 즐길 수 없게 된다. 따라서 애프터눈티 스타일로 티 포트에 티를 넣고 마실 때는 물에 따른 티의 선택, 그리고 우려지는 시간 확인, 티의 맛과 상호보완이 될 수 있는 페어링 등으로 우리나라 실정에 맞게 새롭게 구성되어야 한다.

■ 삼다수로 우려낸 아삼 – 볼빅으로 우려낸 아삼의 수색 비교

삼다수   볼빅   아삼

■ 삼다수로 우려낸 우바 – 볼빅으로 우려낸 우바의 수색 비교

삼다수   볼빅   우바

TEA
MASTER
티마스터

5장

티
레시피

01
스트레이트티

스트레이트티Straight tea는 티와 물을 이용하여 따뜻하게 우려내어 즐기는 티로 티가 가지는 본연의 맛과 향을 살리기 위해 티의 양, 물의 양, 물의 온도, 우려내는 시간, 우려내는 도구를 결정하면 된다.

1. 클래식티(Classic tea)
클래식티는 보통 한 가지 티를 우려내어 마시는 경우를 뜻한다.

⊙ 클래식티

	티의 양	물의 온도	물의 양	우려내는 시간	비고
증기로 찐 녹차	1.5~2g	60~70℃	200~250g	2분~ 2분 30초	온도가 낮을 수록 떫은맛 의 추출 속도 가 늦어짐
덖은 녹차 (찻잎의 어린 정도에 따라)		70~90℃		2분 30초 이상 가능	
백호은침	1~2g	90℃ 이상	250~300g	8분 이상	

	티의 양	물의 온도	물의 양	우려내는 시간	비고
청차					온도가 낮을수록 떫은맛의 추출 속도가 늦어짐
산화도가 낮은 청차(포종)	2~3g	90℃ 이상	250~300g	3분 이상	
산화도가 낮은 청차(포유됨)	3~5g	95℃ 이상	200~250g	5분 이상	
산화도가 높은 청차(탄배됨)	2~3g	95℃ 이상	250~300g	5분 이상	
산화도가 높은 청차(포유, 탄배됨)	2~3g	95℃ 이상	250~300g	8분 이상	
홍차					① 찻잎의 크기가 작을수록 떫은맛의 추출 속도가 빨라짐 ② 자사호, 포트 등 우려내는 도구의 크기와 재질에 따라 우려내는 횟수가 달라짐
산화도가 낮은 홍차/오서독스	3~4g	90℃ 이상	250~300g	3분 이상	
산화도가 낮은 홍차/세미 오서독스	2.5~3g	90℃ 이상	250~280g	3분 이상	
산화도가 높은 홍차/세미 오서독스	2.5~3g	95℃ 이상	250~280g	3분 이상	
산화도가 높은 홍차/CTC	3~4g	90℃ 이상	250~300g	2분 이상	
산화도가 높은 홍차/오서독스	3~4g	95℃ 이상	250~300g	3분~4분 이상	
발효차					
떡차 숙차	2~5g	95℃ 이상	300~500g	5분이상	
떡차 생차	2~5g	95℃ 이상	300~500g	5분이상	
산차 숙차	2~5g	95℃ 이상	300~500g	5분이상	
대용차					
잎을 이용한 대용차/페퍼민트	1~2g	80~90℃	250~300g	2분 이상	
꽃을 이용한 대용차/캐모마일	1~2g	80~90℃	250~300g	2분 이상	
꽃을 이용한 대용차/히비스커스	2~3g	80~90℃	300~350g	3분 이상	
뿌리를 이용한 대용차/우엉	1.5~2g	90℃ 이상	250~300g	5분 이상	
과일 조각을 이용한 블렌딩티	4~5g	80~90℃	250~300g	4분 이상	
꽃과 잎을 이용한 블렌딩티	3g	80~90℃	250g	3분 이상	

2. 블렌딩티(Blending tea)

블렌딩티는 균일한 품질을 유지하기 위해, 브랜드의 특징을 살리기 위해, 가격을 맞추기 위해, 나라별 기호에 맞추기 위해 등 목적을 가지고 이루어진다. 클래식 블렌딩티는 잉글리쉬 브랙퍼스트, 애프터눈티가 대표적이다. 잉글리쉬 브랙퍼스트는 보통 아침에 커피 대용으로 즐길 수 있고, 아침식사에도 곁들일 수 있도록 바디감이 풍부한 홍차로 블렌딩한다. 가향 블렌딩티로 대표적인 것은 얼그레이로서 얼그레이 백작의 이름을 그대로 사용하여 만들어진 티이다. 얼그레이티는 중국 홍차에 매료되어 중국 홍차와 같은 향이 나길 원했던 얼그레이 백작이 개발을 의뢰하여, 홍차에 베르가못 과일 향을 착향하여 만들어진 세계 최초의 가향 블렌딩티이다. 녹차와 홍차 등을 베이스로 하여 꽃, 과일 조각, 향을 사용한 블렌딩티는 티를 잘 모르는 사람도 쉽게 즐길 수 있어 많은 관심을 받고 있으며, 카페인이 없는 허브와 과일 조각 등을 블렌딩하여 달콤하고 향긋하게 즐기는 티도 많은 인기를 끌고 있다.

◐ 허브 블렌딩티

	티의 양	물의 온도	물의 양	우려내는 시간	비고
클래식 블렌딩티(홍차 위주)	2~3g	90℃ 이상	250~300g	3분 이상	① 티의 향을 즐기고 싶다면 2분 내외 ② 티의 맛을 더욱 살리고 싶다면 3분 이상
가향 블렌딩티					
홍차 베이스(가향)	2~3g	90℃ 이상	250~300g	3분 이상	
홍차 베이스(블렌딩)	2~3g	90℃ 이상	250~300g	3분 이상	
허브 베이스(블렌딩)	2~3g	90℃ 이상	250~300g	3분 이상	
과일차 베이스(블렌딩)	3~5g	90℃ 이상	250~300g	4분 이상	

■ 홍차를 바탕으로 한 블렌딩티

■ 허브를 바탕으로 한 블렌딩티

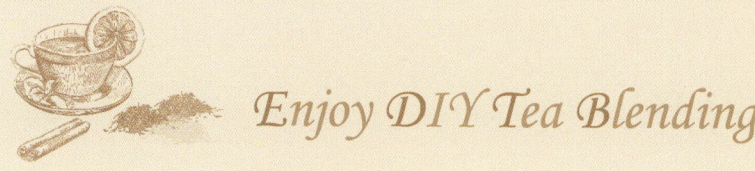

Enjoy DIY Tea Blending

1. Wake up 아침을 깨우는 블렌딩티

【추천 1】 아삼 80% + 얼그레이 20%

【추천 2】 아삼 90% + 말린 생강 10%

 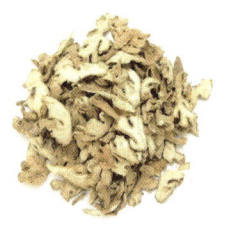

2. Refresh 나른한 오후를 위한 블렌딩티

【추천 1】 우바 90% + 페퍼민트 10%

【추천 2】 다즐링 75% + 레몬그라스 20% + 히비스커스

Enjoy DIY Tea Blending

3. Recover 피곤한 하루를 위한 블렌딩티

【추천 1】히비스커스 40% + 과일 블렌딩티 60%

【추천 2】루이보스 70% + 시나몬 30%

4. Relax 편안함을 위한 블렌딩티

【추천 1】기문 90% + 캐모마일 10%

【추천 2】얼그레이 90% + 라벤더 10%

아이스티

1904년 미국 세인트루이스에서 열린 만국박람회는 지금까지 없었던 역사상 최대 규모로, 전시회장의 넓이는 485만 평방미터㎡에 210일간에 걸쳐 개최되었으며 세계 각국에서 모여든 방문객 수는 1,280만 명에 이르렀다고 한다. 그 이유는 미국이 루이지애나를 포함한 광대한 땅을 프랑스로부터 1,500만 달러에 사들인 지 100년을 기념하는 박람회였기 때문이다. 여기서 홍차의 역사에 새로운 장이 열리게 되었다.

영국의 홍차 상인 리처드 브레친든Richard Blechynden은 이 박람회장에서 홍차를 판매하고 있었는데, 7월이 되어 무더운 날이 이어지자 뜨거운 홍차를 시음하려는 사람이 많지 않았다. 판매 방법을 고민하던 그는 방금 우린 뜨거운 홍차에 얼음을 넣어 "차가운 홍차는 어떠세요!"라고 외쳤는데, 더위에 목이 마른 사람들이 오아시스에 모이는 것처럼 차가운 홍차를 찾아 밀려들었다. 이렇게 하여 탄생한 것이 '아이스iced tea'이다.

그 당시 홍차는 중국, 일본에서 전래된 차로서 차갑게 마시는 것은 잘못된 방법이라고 알려져 있었고, 영국에서는 동양의 차 문화를 중요하게 여겨 뜨거운 홍차를 주전자에서 따르는 것이 홍차의 전통적인 음용 방법이라고 생각했다. 하지만 그것이 잘못된 방법이라도 맛있고 건강하며 상쾌한 것이라면 대중은 지지하고 받아들였던 것이다.

아이스티를 즐겨 마시는 미국에서는 지금도 즐겨 마시는 티의 형태는 단연 1위가 아이스티이고, 일본의 경우 1985년부터 캔이나 페트병에 담긴 아이스티가 등장하면서 자동판매기 등에서 손쉽게 구입할 수 있게 되었다. 아이스티는 티를 우려낸 후 차갑게 만들어 마시는 티 레시피이며 티뿐만 아니라 다양한 과일과 탄산수 등을 이용하면 더욱 청량감 있게 즐길 수 있다.

1. 칠링법(Chilling)

우려낸 티를 얼음이 담긴 잔 혹은 유리 서버 위로 바로 추출하여 티의 온도를 낮추는 방법이다. 이 방법은 손쉽게 할 수 있다는 장점이 있지만, 물의 양을 조절해야 하므로 티의 맛이 자칫 강해질 수 있으며 물의 양을 잘못 조절하면 얼음이 많이 녹아버려 물맛이 나거나 아이스티의 온도가 미지근하게 느껴질 수도 있다. 따라서 정확한 레시피와 숙련도가 요구된다.

■ 칠링법

2. 하프 칠링법(Half Chilling)

티를 먼저 유리 서버로 걸러낸 후 원하는 양의 얼음을 넣고 티의 온도를 60℃ 정도로 낮춰주는 방법이다. 이는 우려낸 티의 맛과 향의 변화가 크지 않으며 레시피를 만들 때 얼음이 잘 녹지 않기 때문에 손쉽게 아이스티 레시피를 만들 수 있다. 또한, 밀봉 보관하면 우려낸 티를 이용해 하루 동안 빠른 아이스티 제조와 서빙이 가능하다.

■ 하프 칠링법

03
밀크티

  밀크티Milk tea는 티와 우유를 이용한 티 레시피로서 티를 우려낸 다음 그대로 우유를 넣어 마시는 방법, 티를 우려내고 혹은 티와 함께 우유를 끓이는 방법이 있다. 밀크티는 티의 향과 맛을 바디감 있게 즐길 수 있도록 우유와 설탕이 중간 바디감을 잡아주는 역할을 한다. 특히 티를 우려낸 뒤 우유와 끓이는 방식은 티와 우유의 밸런스뿐만 아니라 좋은 바디감을 즐길 수 있고 특유의 풍미를 살릴 수 있는 향신료 등을 추가할 수 있다. 인도에서는 향신료를 넣어 끓여서 만드는 밀크티를 '마살라 차이'라고 부른다. 향신료로는 카다몬, 시나몬, 클로브, 육두구, 생강 등을 함께 넣어 향긋하고 달콤한 풍미를 살려준다.

■ 우려서 만든 밀크티   ■ 끓여서 만든 밀크티

■ 티를 우려낸 후 우유와 혼합하는 방식

■ 티를 우려낸 후 우유와 끓여내는 방식

■ 침지 방식(티 인퓨저)으로 만든 로즈 밀크티   ■ 침지 가압 방식(에어로프레스)으로 만든 애플 밀크티

04
티 레시피 기본 가이드

1. 홍차를 이용한 아이스티 : 우바 BOP 선택

① 우바 BOP 2g과 뜨거운 물 150g을 유리 서버에 넣고 3분 동안 우려낸다.

② 우려낸 홍차에 얼음 5~6개를 넣고 하프 칠링한다.

③ 컵에 얼음을 가득 채운 후 사과 혹은 레몬 슬라이스를 옆으로 채워준다. 이때 생과일이나 과일청을 활용해도 좋다.

④ 하프 칠링된 티베이스를 넣어 준다.

【Tip】 아이스티는 투명감을 잘 살리고 시원한 온도를 유지하는 것이 포인트이다.

2. 허브티를 이용한 아이스티 : 히비스커스

① 히비스커스 3g과 뜨거운 물 150g을 유리서버에 넣고 3분 30초~4분 동안 우려낸다.

② 우려낸 티에 얼음 5~6개를 넣고 하프 칠링한다.

③ 컵에 설탕시럽(설탕 2 : 물 1)을 30g을 넣고 얼음을 채운 후 딸기 조각 (1/4) 혹은 레몬 조각(1/4)을 3~4개를 넣는다. 레몬즙을 짜서 넣을 경우에는 시럽의 양을 조금 늘린다.

④ 하프 칠링된 티베이스를 넣는다.

【Tip】 시럽을 먼저 넣은 뒤 얼음을 넣고 잘 섞어주어 온도를 맞춰준다.

3. 과일 블렌딩티를 이용한 아이스티

① 블렌딩티 4~5g과 뜨거운 물 100g을 유리 서버에 3분 동안 우려낸다.

② 컵에 설탕시럽(설탕 2:물 1) 30g과 레몬즙 10g을 넣고 얼음을 채운 후
  잘 혼합한다.

③ 우려진 티를 붓고 다시 얼음을 빠르게 채운 후 과일 혹은 허브로 장식해
  준다.

【Tip】 삼각 혹은 사각 티백을 사용할 경우에는 티를 우리고 난 후 아이스티안에 넣어주게
  되면 얼음이 녹아도 티의 맛이 약해지지 않아 끝까지 티의 맛을 즐길 수 있다.

4. 밀크티 : 아삼 BOP 선택

① 아삼 BOP 6g에 뜨거운 물 150g을 넣고 3분 동안 우려낸다.

② 컵에 설탕시럽(설탕 2:물 1) 30g과 70℃로 거품 친 우유 130g을 넣고
   잘 저어준다.

③ 우려진 찻잎을 다 짜낸다(에어로프레스 추천).

④ 잔 위에 거품 20~30g을 올린다.

【Tip】 시럽을 넣은 뒤 거품을 제외한 우유를 넣고 잘 저어주어야 시럽과 우유가 조화되어
   티의 향을 살려준다.

5. 아이스 밀크티 : 아삼 BOP 선택

① 아삼 BOP 6g을 뜨거운 물 100g에 3분 동안 우려낸다.

② 컵에 설탕시럽(설탕 2 : 물 1) 30g과 우유 100g을 넣고 잘 저어준다.

③ 우려진 찻잎을 다 짜낸 후 빠르게 얼음을 채워준다.

④ 잔 위에 찬 우유거품 20~30g을 올려준다.

【Tip】 시럽과 얼음을 먼저 넣고 잘 뒤섞어 온도를 낮춘 다음 우유를 부어준다.

티 플레이버 휠(Tea Flavor wheel)

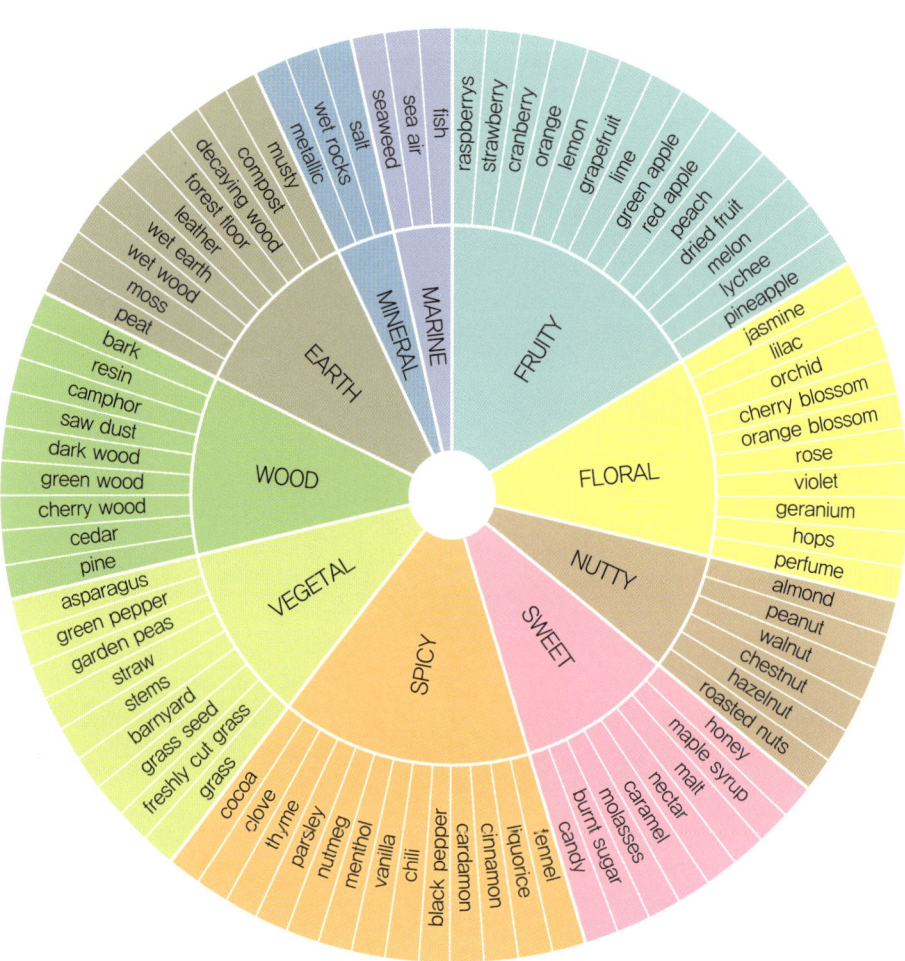

Date:　　　　　Time:　　　　　Weather :

Name of Tea:	Country of Origin	Grade/size

1. Infusion

Amount of Leaf	Amount of Water	Temp. of Water	Infusing time
g	ml	℃	min

2. Tea Tasting

Tea Leaf 마른 찻잎	Shape(외형)	Color(색)	Aroma(찻잎의 향)
Tea liquor 우려낸 찻물	Color(수색)	Aroma	Taste (맛, 밸런스)

티 테이스팅 노트 Tea Tasting Note

Date:　　　　　Time:　　　　　Weather :

Name of Tea:	Country of Origin	Grade/size

1. Infusion

Amount of Leaf	Amount of Water	Temp. of Water	Infusing time
g	ml	℃	min

2. Tea Tasting

Tea Leaf 마른 찻잎	Shape(외형)	Color(색)	Aroma(찻잎의 향)
Tea liquor 우려낸 찻물	Color(수색)	Aroma	Taste (맛, 밸런스)

Date: Time: Weather :

Name of Tea:	Country of Origin	Grade/size

1. Infusion

Amount of Leaf	Amount of Water	Temp. of Water	Infusing time
g	ml	℃	min

2. Tea Tasting

Tea Leaf 마른 찻잎	Shape(외형)	Color(색)	Aroma(찻잎의 향)
Tea liquor 우려낸 찻물	Color(수색)	Aroma	Taste (맛, 밸런스)

티 테이스팅 노트 Tea Tasting Note

Date: Time: Weather :

Name of Tea:	Country of Origin	Grade/size

1. Infusion

Amount of Leaf	Amount of Water	Temp. of Water	Infusing time
g	ml	℃	min

2. Tea Tasting

Tea Leaf 마른 찻잎	Shape(외형)	Color(색)	Aroma(찻잎의 향)
Tea liquor 우려낸 찻물	Color(수색)	Aroma	Taste (맛, 밸런스)

Date: Time: Weather :

Name of Tea:	Country of Origin	Grade/size

1. Infusion

Amount of Leaf	Amount of Water	Temp. of Water	Infusing time
g	ml	℃	min

2. Tea Tasting

Tea Leaf 마른 찻잎	Shape(외형)	Color(색)	Aroma(찻잎의 향)
Tea liquor 우려낸 찻물	Color(수색)	Aroma	Taste (맛, 밸런스)

티 테이스팅 노트 Tea Tasting Note

Date: Time: Weather :

Name of Tea:	Country of Origin	Grade/size

1. Infusion

Amount of Leaf	Amount of Water	Temp. of Water	Infusing time
g	ml	℃	min

2. Tea Tasting

Tea Leaf 마른 찻잎	Shape(외형)	Color(색)	Aroma(찻잎의 향)
Tea liquor 우려낸 찻물	Color(수색)	Aroma	Taste (맛, 밸런스)

티 테이스팅 노트 Tea Tasting Note

Date: Time: Weather :

Name of Tea:	Country of Origin	Grade/size

1. Infusion

Amount of Leaf	Amount of Water	Temp. of Water	Infusing time
g	ml	℃	min

2. Tea Tasting

Tea Leaf 마른 찻잎	Shape(외형)	Color(색)	Aroma(찻잎의 향)
Tea liquor 우려낸 찻물	Color(수색)	Aroma	Taste (맛, 밸런스)

티 테이스팅 노트 Tea Tasting Note

Date: Time: Weather :

Name of Tea:	Country of Origin	Grade/size

1. Infusion

Amount of Leaf	Amount of Water	Temp. of Water	Infusing time
g	ml	℃	min

2. Tea Tasting

Tea Leaf 마른 찻잎	Shape(외형)	Color(색)	Aroma(찻잎의 향)
Tea liquor 우려낸 찻물	Color(수색)	Aroma	Taste (맛, 밸런스)

티 테이스팅 노트 Tea Tasting Note

Date:　　　　　　Time:　　　　　　Weather :

Name of Tea:	Country of Origin	Grade/size

1. Infusion

Amount of Leaf	Amount of Water	Temp. of Water	Infusing time
g	ml	℃	min

2. Tea Tasting

Tea Leaf 마른 찻잎	Shape(외형)	Color(색)	Aroma(찻잎의 향)
Tea liquor 우려낸 찻물	Color(수색)	Aroma	Taste (맛, 밸런스)

티 테이스팅 노트 Tea Tasting Note

Date:　　　　　　Time:　　　　　　Weather :

Name of Tea:	Country of Origin	Grade/size

1. Infusion

Amount of Leaf	Amount of Water	Temp. of Water	Infusing time
g	ml	℃	min

2. Tea Tasting

Tea Leaf 마른 찻잎	Shape(외형)	Color(색)	Aroma(찻잎의 향)
Tea liquor 우려낸 찻물	Color(수색)	Aroma	Taste (맛, 밸런스)

티 레시피 노트 Tea Recipe Note

메뉴명		☐ HOT ☐ ICED
베이스티	제품명	
	티의 특징	
사용한 부재료	① 제품명	관능 특징
		사용 이유
	브랜드	사용 전 준비사항
	② 제품명	관능 특징
		사용 이유
	브랜드	사용 전 준비사항
	③ 제품명	관능 특징
		사용 이유
	브랜드	사용 진 준비사항
티 레시피 순서		

티 레시피 노트 Tea Recipe Note

메뉴명			☐ HOT ☐ ICED
베이스티	제품명		
	티의 특징		
사용한 부재료	① 제품명	관능 특징	
		사용 이유	
	브랜드	사용 전 준비사항	
	② 제품명	관능 특징	
		사용 이유	
	브랜드	사용 전 준비사항	
	③ 제품명	관능 특징	
		사용 이유	
	브랜드	사용 전 준비사항	
티 레시피 순서			

메뉴명			☐ HOT ☐ ICED
베이스티	제품명		
	티의 특징		
사용한 부재료	① 제품명	관능 특징	
		사용 이유	
	브랜드	사용 전 준비사항	
	② 제품명	관능 특징	
		사용 이유	
	브랜드	사용 전 준비사항	
	③ 제품명	관능 특징	
		사용 이유	
	브랜드	사용 전 준비사항	
티 레시피 순서			

메뉴명			☐ HOT ☐ ICED	
베이스티	제품명			
	티의 특징			
사용한 부재료	① 제품명		관능 특징	
		브랜드	사용 이유	
			사용 전 준비사항	
	② 제품명		관능 특징	
		브랜드	사용 이유	
			사용 전 준비사항	
	③ 제품명		관능 특징	
		브랜드	사용 이유	
			사용 전 준비사항	
티 레시피 순서				

TEA
MASTER
티마스터

부록

티마스터
인증과정
필기문제

01. 차나무 소엽종의 생육 조건으로 가장 옳은 것은?

① 연평균기온 14~16℃

② 연강수량 1,000mm 이하 지역

③ 무기질이 풍부한 중성의 토양

④ 낮과 밤의 일교차가 적고 일조량이 많은 지역

02. 차나무의 생육으로 옳지 <u>않은</u> 것은?

① 차나무 성장에 좋은 토양은 통기성과 투수성이 좋아야 한다.

② 토양에 질소 성분이 많을수록 차의 향을 높이고 병충해에 강하게 만든다.

③ 녹차는 차나무가 햇볕을 많이 쬐게 되면 어린잎의 아미노산 성분이 폴리페놀로 변화되어 쓰고 떫은맛이 많이 나게 된다.

④ 차나무의 일조량을 조절하기 위해 셰이드 트리를 심어 품질을 조절한다.

03. 차의 전파로 가장 옳지 <u>않은</u> 것은?

① 중국의 차 씨가 한국으로 전파된 것은 신라시대라고 전해진다.

② 당나라 문화를 동경하던 일본인들은 차 씨를 가져와 심기 시작한 것은 100년이 훨씬 지난 후이다.

③ 유럽으로 차가 전파된 것은 포르투갈인들에 의해서이다.

④ 차는 불교와 더불어 다양한 무역로를 통해 전파되었다.

정답 1. ①   2. ②   3. ②

04. 다음은 차의 성분에 관한 설명이다. 옳지 않은 것은?
  ① 녹차의 대표적인 폴리페놀 중 카테킨류는 무색, 무취의 결정으로 찬물에서 녹기 어렵다.
  ② 폴리페놀은 산화 과정을 거치면서 그 양이 줄어드는 대신 테아플라빈, 테아루비긴이라는 폴리페놀이 생성되어 독특한 향과 맛, 색을 가진다.
  ③ 차에 가장 많이 포함되어 있는 성분은 카페인이다.
  ④ 유리아미노산은 차의 독특한 감칠맛과 향미의 주요 성분이다.

05. 다음 중 홍차의 맛과 향에 대한 특징으로 옳지 않은 것은?
  ① 카테킨류는 산화 과정을 거치며 테아플라빈과 테아루비긴 같은 홍차 폴리페놀이 생성된다.
  ② 테아플라빈은 홍차의 오렌지색이나 적색의 수색과 떫은맛에 영향을 준다.
  ③ 생잎의 지방 성분은 산화 과정에 의해 다당류로 분해되면서 홍차의 감칠맛에 영향을 준다.
  ④ 홍차의 향기에 영향을 주는 성분은 알코올류, 알데히드류, 케톤류 등이다.

06. 다음 중 홍차의 건강적 장점으로 옳지 않은 것은?
  ① 몸에 수분을 보충해준다.
  ② 지방의 흡수를 억제시키는 데 도움을 준다.
  ③ 인플루엔자 바이러스 감염을 예방하는 데 도움을 준다.
  ④ 식사 후 혈당이 빠르게 상승하지 않도록 도와준다.

07. 아시아의 차 문화를 유럽에 전파한 최초의 나라는 어디인가?
  ① 영국   ② 프랑스
  ③ 네덜란드   ④ 포르투갈

정답 4. ③   5. ③   6. ①   7. ③

08. 홍차의 역사적 사실에 대한 설명으로 옳지 <u>않은</u> 것은?

① 영국 동인도회사는 1637년에 중국으로부터 정기적으로 차를 사들였으며, 그 후 네덜란드도 차 무역을 시작하였다.

② 티를 빠르게 운송하기 위해 1841년 영국에서 속도를 우선으로 한 쾌속선인 티클 리퍼(Tea Clipper)를 만들기 시작했다.

③ 스리랑카에서는 병충해로 인해 커피나무가 말라죽게 되자 그 대신 차나무를 심 게 되었다.

④ 19세기 영국은 중국으로부터 대량의 차를 수입하면서 막대한 은을 유출시켜 은 보유량이 급감하자 대체물품으로 아편을 이용하였다.

09. 18세기 영국은 중국에서 대량의 차를 수입하면서 다량의 은 유출로 장기적인 무역 적자 를 기록하였다. 영국은 이 재정 위기를 개선하기 위해 식민지인 인도에서 중국으로 수출 한 것으로 옳은 것은 ?

① 향신료   ② 아편

③ 면직물   ④ 설탕

10. 다음 설명에 해당하는 제조 과정으로 옳은 것은?

찻잎에 있는 수분을 줄여주는 과정으로 생잎에 있는 수분을 약 30~40%까지 낮추 게 된다. 이 과정에서 찻잎이 부드러워지고 향기 성분도 함께 생성된다.

① 살청(Fixation)   ② 유념(Rolling)

③ 산화(Oxidation)   ④ 위조(Withering)

11. 다음 중 홍차의 생산과정에 해당되지 않는 것은?

① 살청(Fixation)   ② 유념(Rolling)

③ 산화(Oxidation)   ④ 위조(Withering)

12. 다음 중 산화에 따른 차의 설명으로 옳지 <u>않은</u> 것은?

① 홍차 : 산화차로 주로 갈색, 검은색에 가까운 색이 될 때까지 충분히 산화시키면 꽃이나 과일을 연상시키는 향이 생성되기도 한다.

② 청차 : 후발효차로 차의 발효도가 다양하여 녹색부터 갈색 등 다양한 색을 띤다.

③ 백차 : 약산화차로 푸젠 성에서 주로 제조되며 대백, 수선백 등 소백이라는 싹이 희고 솜털이 많은 차나무로 만들어진다.

④ 녹차 : 비산화차로 차를 만드는 공정에 찌거나 덖어서 산화를 억제시킨 차이다.

13. 다음 홍차의 제조 과정에 대한 설명으로 바르지 <u>않은</u> 것은?

① 홍차는 찻잎을 산화시키는 과정에서 폴리페놀이 화학반응을 일으켜 특유의 향미를 만들어낸다.

② 홍차의 제조 과정 중에서 유념은 찻잎을 비벼서 산화효소와 폴리페놀 성분의 활성화를 촉진시키는 과정이다.

③ 홍차의 제조 과정 중 위조는 찻잎의 수분이 잘 유지되게 하여 산화를 촉진시키기 위한 과정이다.

④ 차의 제조 과정 중 건조는 수분량을 3-4%로 낮춰 찻잎의 산화를 완전히 멈추게 한다.

14. 다음 중 흑차에 대한 설명으로 옳지 <u>않은</u> 것은?

① 숙차는 3개월 전후에 미생물 발효시킨 차로 유념 후에 형태를 만들어 건조 및 숙성시킨다.

② 숙차는 쇄청녹차를 악퇴발효시킨 후 숙성하여 음용한다.

③ 숙차는 쇄청녹차를 악퇴발효를 통해 만드는 차다.

④ 숙차는 제조된 직후가 가장 냄새가 적고, 맛이 부드러워 처음 접하는 사람도 마시기 쉽다.

15. 중국의 홍차 제조법에 대한 설명으로 바른 것은?

① 제조 방법은 로토르반으로 잎을 파쇄하는 세미 오서독스 제법을 사용한다.

② CTC 머신을 사용한 CTC 제법으로 생산되는 대표적 홍차로 운남홍차가 유명하다.

③ 소종홍차는 제조 시 땔감으로 소나무를 이용해 유념과 건조를 하여 마른 찻잎에서 훈연 향이 나는 것이 특징이다.

④ 공부홍차는 생산지에 따라 나뉘는데 정산소종이 제일 유명하다.

16. 다음 중 청차에 관해 설명으로 옳지 <u>않은</u> 것은?

① 햇볕으로 위조와 건조를 하여 제조되는 청차는 맑고 투명한 수색이 특징이다.

② 청차는 중국과 대만에서 많이 생산되는 부분산화차이다.

③ 오늘날 청차 혹은 우롱차는 홍차를 의미하는 '블랙티(Black tea)'와 구분 짓기 위해 불리기 시작한 이름이다.

④ 향기를 만드는 위조와 요청 과정으로 찻잎을 산화시킨 후 살청으로 억제하는 제조 과정을 거치는 부분산화차라 한다.

17. 차를 침지하여 우려내는 도구 중 그 추출 방식이 <u>다른</u> 것은?

① 티 포트   ② 클레버

③ 사이폰   ④ 내열 유리 표일배

18. 오서독스의 홍차를 우려낼 때 체크할 요소 중 가장 거리가 먼 것은?

① 오서독스는 강한 맛과 바디감을 표현해야 하므로 압력을 사용하는 추출도구를 사용해야 한다.

② 찻잎이 충분히 펼쳐질 수 있는 공간이 필요하다

③ 찻잎의 맛과 향 성분이 충분히 우려나야 하므로 시간을 2분 이상 우려내야 한다.

④ 물의 양이 충분해야 찻잎이 잘 펼쳐질 수 있다.

정답 15. ③   16. ①   17. ③   18. ①

19. 밀크티의 설명으로 옳은 것은?

① 밀크티는 티와 우유를 사용하여 끓여서 만드는 것이다.

② 밀크티는 우려낸 티와 우유를 섞는 방식과 티와 우유를 끓여내는 방식으로 구분 한다.

③ 밀크티에 가장 적당한 홍차는 CTC이다.

④ 밀크티는 저온살균우유를 사용하여야만 한다.

20. 티를 우려낼 때 사용하는 도구의 설명으로 가장 거리가 먼 것은?

① 티 포트는 도자기, 내열 유리, 본차이나 등의 소재로 많이 만들어 지며 주로 둥근 형태가 티의 맛과 향을 동시에 표현하기 적당하다.

② 티 스트레이너는 티를 계속 담가두게 되면 맛의 변화가 생기므로 티를 걷어내기 위한 도구이다.

③ 교반스틱은 찻잎에 물이 잘 젖을 수 있게, 우러난 찻물의 농도를 맞추기 위해 사 용한다.

④ 계량스푼은 커피와 동일하게 사용해도 된다.

21. 다음 중 다즐링 홍차의 설명으로 옳지 <u>않은</u> 것은?

① 천둥 치는 계곡이라는 의미를 지닌 인도의 다즐링 지역에서 생산되는 홍차이다.

② 세컨드 플러시(Second flush)는 두 번째로 채엽하는 차를 말하며 퍼스트 플러시 (First flush) 이후 짧은 휴면기를 가진 뒤 충분히 성장한 어린 싹과 잎을 채엽한다.

③ 5월 중순에서 6월 하순에 어린싹을 포함한 최고 등급의 차를 처음 채엽하여 생산 하는 것을 퍼스트 플러시(First flush)라고 한다.

④ 다즐링 홍차의 대표적인 제조 방법은 오서독스 제법이다.

22. 다음 중 다즐링 홍차(세컨드 플러쉬)의 대표적인 향미 특성으로 옳지 <u>않은</u> 것은?

① 상쾌한 떫은맛(Brisk)

② 스모키하고 낙엽과 같은 향(Smoky&Earthy)

③ 과일 계통의 향(Fruity)

④ 산화도가 낮은 풀과 같은 신선한 향(Fresh)

23. 다음 중 인도 홍차의 특성으로 가장 거리가 <u>먼</u> 것은?

① 다즐링 홍차 가운데 3월 중순에서 4월 하순에 만들어지는 홍차는 우디(Woody)한 향미와 꽃향기를 가지며 흑갈색의 수색이 특징이다.

② 아삼 CTC는 강한 떫은맛이 있으나 감칠맛과 바디감이 있는 맛이 특징이다.

③ 5~6월에 두 번째로 채엽되는 다즐링 홍차는 무스카텔 플레이버(Muscatel flavor)라고 불리는 신선한 과일 계통의 향이 특징이다.

④ 아삼 홍차는 몰트(Malt) 향과 우디(Woody) 향이 뛰어나고 농후한 단맛을 가진다.

24.. 아삼 다원에 대한 설명으로 옳지 <u>않은</u> 것은?

① 아삼 다원은 강수량이 많아 배수가 잘되도록 정비가 잘 되어 있다.

② 아삼 홍차는 중국종의 찻잎보다 잎의 크기가 2~3배 정도 커 효율적인 생산이 가능하다.

③ 아삼 홍차는 짧은 시간에 빨리 추출할 수 있는 CTC 제법을 많이 사용하고 있다.

④ 아삼 다원은 사계절 내내 홍차의 생산이 가능하고 특히 겨울철에 생산이 제일 활발하다.

25. 스리랑카의 홍차에 대한 설명으로 옳지 <u>않은</u> 것은?

① 스리랑카의 홍차는 대부분 고산 지대에서만 생산된다.

② 해발고도에 따라 하이 그로운티, 미디엄 그로운티, 로 그로운티로 구분된다.

③ 누와라엘리야는 우바나 딤불라에 비해 비교적 산화도가 낮다.

④ 홍차의 제조 방법은 오서독스와 세미 오서독스 방법이 사용된다.

26. 스리랑카는 해발고도에 따라 생산되는 홍차의 특징이 다양하다. 특히 세계 3대 홍차에 속하는 우바 홍차는 어디에 속하는가?

① 미디엄 그로운티(Medium grown tea)

② 로 그로운티(Low grown tea)

③ 하이 그로운티(High grown tea)

④ 미디엄-로 그로운티(Medium-low grown tea)

27. 스리랑카의 샴페인이라 불리는 홍차 중 하나로 하이 그로운티에 속하며 산화도가 낮아 마치 녹차와 같은 향기가 특징인 이 홍차의 이름은 무엇인가?

① 우바　　　　　　　　　　　　② 아삼

③ 누와라엘리야　　　　　　　　④ 다즐링

28. 스리랑카 홍차의 특징으로 옳지 않은 것은?

① 로 그로운티는 홍차 특유의 산뜻하고 달콤한 과일의 향미와 오렌지빛 수색으로 사랑받고 있다

② 해발고도에 따라 하이 그로운티, 미디엄 그로운티, 로 그로운티로 구분한다.

③ 고지대에서 채엽한 찻잎은 로토르반을 사용한 BOP 스타일의 차 생산이 늘고 있다.

④ 1870년 병충해로 커피나무가 죽자 그 대안으로 차나무를 심으면서 상업적인 재배가 시작되었다.

29. 다음에서 설명하는 차로 바른 것은?

윈난 성에서 생산되고 전홍이라 불린다. 봄에 1~3번째 잎까지 따서 만든 황금색 싹이 포함된 차를 최고급으로 치며, 찻잎은 흑갈색이나 밝은 갈색의 큰 잎들이 있고, 떫은맛이 약하고 부드러운 단맛이 특징이다.

① 정산소종(正山小種)　　　　　② 동방미인(東方美人)

③ 문산포종(文山包種)　　　　　④ 운남 홍차 (雲南紅茶)

정답　26. ③　27. ③　28. ①　29. ④

30. 다음에서 설명하는 나라로 바른 것은?

세계 3대 홍차 생산국 중 하나로 해발고도가 높은 고산 지대에 속하며 서늘한 기온으로 부드럽고, 마일드한 맛을 가진 홍차가 제조된다.
찻잎의 성장이 빨라 1년 내내 채엽이 가능해 대량 생산이 가능하다. 홀 리프(Whole leaf)부터 CTC 등급까지 다양하게 제조되며, CTC 제법으로 만들어진 티백은 맛과 향이 무난하며 수색이 진해 밀크티로 많이 사용된다.

① 케냐   ② 말라위
③ 인도   ④ 짐바브웨

01. 다음 중 허브티를 선택할 때의 주의 사항과 보관 방법에 관한 설명으로 가장 거리가 먼 것은?

① 허브티를 선택할 때 식용으로 판매되는 것인지 확인한다.

② 같은 허브라도 원산지별로 맛과 향이 달라지므로 테이스팅을 통해 원하는 맛의 허브를 선택한다.

③ 패키지의 재질 및 상태는 제품의 품질과 연관되므로 공기와 빛이 차단되는 것이어야 한다.

④ 허브의 경우 20% 이상의 수분이 잘 유지되도록 보관해야 한다.

02. 다음의 설명에 대한 허브로 옳은 것은?

> 이집트와 수단에서는 결혼식에서 축하의 의미로 이 허브차를 마시는데, 수색이 아름답고 산뜻한 신맛이 피로회복에 좋다. 블렌딩에도 많이 쓰이고, 다이어트 제품으로도 활용되고 있다.

① 히비스커스   ② 로즈힙

③ 라벤더   ④ 로즈마리

03. 대용차에 대한 의미로 가장 옳지 않은 것은?

① 차나무 이외의 허브들을 차처럼 이용한다.

② 대부분 카페인이 함유되어 있지 않다.

③ 대용차는 꽃과 잎으로 만든 허브티를 의미한다.

④ 한국에서 주로 음용되는 대용차는 옥수수염차, 국화차 등이 있다.

정답 1. ④ 2. ① 3. ③

04. 허브티를 선택할 때 주의해야 점으로 옳은 것은?

① 식용으로 판매되는 것인지 확인한다.

② 원산지는 특별히 중요하지 않다.

③ 건조 상태가 적당하여 수분을 많이 포함할수록 좋다.

④ 제조일자를 확인하고 온화한 향미와 맛을 위해 숙성된 허브를 선택한다.

05. 티 테이스팅에 대한 설명으로 옳지 <u>않은</u> 것은?

① 티 테이스팅은 차의 품질과 특성에 대해 확인하는 관능평가이다.

② 티 테이스팅 진행 시 테이스팅 컵, 테이스팅 볼을 사용한다.

③ 티 테이스팅은 찻잎에 온수를 붓고 3~4분간 우려낸 후 티 테이스팅 스푼으로 맛과 향을 확인한 후 종료한다.

④ 티 테이스팅은 찻잎의 외관, 우려낸 차의 맛과 향, 수색, 우려낸 찻잎의 향을 확인한다.

06. 티 테이스팅 시 관능 평가에 대한 설명으로 옳은 것은?

① 티 테이스팅 스푼을 사용하여 입안에 넣고 우려낸 차를 입안 골고루 돌려서 평가한다.

② 맛을 볼 때 우려진 차의 적절한 온도는 90~95℃이다.

③ 맛을 볼 때 후각과 미각을 동시에 사용해야 하므로 우려낸 차를 다 마시며 테이스팅해야 한다.

④ 티가 가지고 있는 맛 중 가장 중요한 감칠맛과 떫은맛 위주로 평가한다.

07. 다음 중 홍차의 향기 성분에 대한 설명으로 가장 옳은 것은 ?

① 어린잎에서 나는 맑고 순한 향이 특징이다.

② 낙엽과 같은 흙냄새가 있고 우디한 향이 있다.

③ 김 또는 파래 같은 향이 주를 이룬다.

④ 가열로 인한 구수한 향기가 있다.

08. 다음 중 녹차의 향기에 대한 설명으로 가장 옳은 것은?

① 장미와 재스민과 같은 꽃 향이 특징이다.

② 과일의 달콤한 향과 중후한 목질계의 향이 난다.

③ 묵직한 바디와 부드러운 풍미가 특징이다.

④ 어린잎에서 나는 맑고 순한, 김 또는 파래 같은 향이 주를 이룬다.

09. 다음은 무엇에 대한 설명인가?

> 티 포트 안에서 일어나는 찻잎의 상하 운동으로 찻잎들이 따뜻한 물과 혼합되어 찻잎이 가진 맛과 향, 수색을 추출할 수 있게 도와준다.

① 점핑(Jumping)	② 스티밍(Steaming)
③ 워밍(Warming)	④ 펌핑(Pumping)

10. 다음 중 차의 맛에 대한 설명으로 옳지 <u>않은</u> 것은?

① 차의 단맛과 감칠맛에 영향을 주는 성분은 아미노산류이다.

② 차의 떫은맛과 쓴맛은 바디감에 영향을 준다.

③ 홍차는 카테킨과 테아플라빈, 아미노산과 카페인의 밸런스로 최상의 맛과 향을 낸다.

④ 차의 신맛과 떫은맛이 만나 상큼한 맛을 연출하기도 한다.

11. 다음의 인물에 대한 설명으로 옳은 것은?

> 이 사람은 스리랑카 캔디의 산간 지대에 있는 룰레콘데라(Loolecondera)에 처음으로 차 재배를 성공하였고 병충해로 큰 피해를 입었던 커피농원을 다원으로 개척하였다. 이 계기로 실론 사람들은 그를 '실론 차의 신'이라고 부르게 되었다.

① 트와이닝	② 토마스 립톤
③ 제임스 테일러	④ 제임스 와트

정답 8. ④ 9. ① 10. ④ 11. ③

12. 다음은 토마스 립톤에 관한 내용이다. 옳지 <u>않은</u> 것은?

① 1890년 실론에 직접 가서 우바 지구의 다원을 구입해 립톤 다원을 만들었다.

② '다원에서 직접 티 포트로'라는 캐치프레이즈로 차를 홍보하였다.

③ 신선함과 저렴한 가격을 앞세워 세계 시장에 립톤 홍차를 확대시켜나갔다.

④ 1891년 스리랑카의 경매에서 립톤 홍차는 역사상 최고가를 기록하였다.

13. 홍차가 널리 음용되면서 시중에 판매되기 시작하는데, 그 내용으로 옳은 것은?

① 차가 전해질 당시 런던에서는 '개러웨이'라는 커피하우스에서 처음 차를 팔기 시작하였다.

② 초기에 '개러웨이'에서 차를 파는 방법은 차의 효과보다는 차의 맛이나 향에 중점을 두었다.

③ 트와이닝(Twinings)은 프랑스에서 가장 오래된 역사를 이어가고 있는 커피와 홍차 회사이다.

④ 립톤은 '다원에서 직접 티 포트로'라는 캐치프레이즈로 립톤 커피를 전 세계에 알렸다.

14. 다음 중 애프터눈 티에 대한 설명으로 옳지 <u>않은</u> 것은?

① 하이티(High tea)는 중산층이 주로 즐기던 티로 알려져 있다.

② 18세기 초, 차는 특수 계층의 사람들만이 즐기는 문화로서 권력의 상징이라 불리었다.

③ 스코틀랜드의 제임스 와트로 인하여 애프터눈 티가 시작되었다.

④ 18세기 후반, 서민들은 머그컵 같은 큰 잔에 편안히 홍차를 즐겼다.

15. 다음은 잎의 형태에 따른 차의 분류이다. 이 중 가장 작은 잎의 형태에 해당되는 것은?

① Broken ② Dust

③ Fanning ④ Whole Leaf

정답 12. ④ 13. ① 14. ③ 15. ②

16. 다음 설명은 홍차 무역에 관한 역사적인 사건 중 옳은 것은?

> 영국 식민지였던 미국은 차(Tea)에 대한 과세법을 발표한 영국이 고가의 차를 미국에 강제로 판매하려고 하자, 1773년 차를 실은 배가 미국의 보스턴 항에 도착했을 때 배에 실려 있던 차를 모두 바다에 던져버리는 사건을 일으켰다. 이 사건은 미국이 영국으로부터 독립하게 되는 계기가 되었다.

① 독립운동   ② 아편전쟁
③ 보스턴 티 파티   ④ 티 레이스

17. 다음은 차의 한 형태인 티백에 관한 설명이다. 옳지 않은 것은?
① 현재 차를 마시는 가장 대중적이고 보편적인 방식이다.
② 처음에는 티백주머니를 구입하여 따로 홍차를 채워 넣었으나, 1935년 기계로 티백을 제조하기 시작했다.
③ 티백은 간편함과 찻잎의 맛이 잘 느껴질 수 있도록 삼각티백이나 수제 싱글백 등 다양한 형태로 발전되고 있다.
④ 티백이 제품화되면서 저렴한 이미지 때문에 대중화되지 못했다.

18. 홍차의 제조 과정에 대한 설명으로 옳지 않은 것은?
① 일반적으로 산화 시간이 짧을수록 우려낸 홍차는 자극적인 떫은맛이 강해진다.
② 일반적으로 산화 시간이 길수록 자극적인 맛은 감소하고 농후하고 무거운 맛을 가진다.
③ 산화가 길어질수록 산뜻하고 달콤한 과일 같은 향이 낙엽처럼 묵직한 향으로 변한다.
④ 홍차 제조 시 맛과 향에 영향을 주는 산화도는 제조하는 시기의 온도와 습도에 영향을 받지 않아 홍차 제조가 용이하다.

19. 오서독스 제법에 대한 설명으로 옳지 <u>않은</u> 것은?

① 위조는 찻잎을 시들려 수분을 줄여주는 과정으로 잎이 부드러워짐과 동시에 향기를 생성한다.

② 유념은 세포조직을 파괴하여 차즙이 나오게 하기 위함인데 유념을 하고 난 후 뭉친 찻잎을 골고루 풀어줘야 한다.

③ 산화는 녹색의 찻잎이 갈색 혹은 붉은색으로 변화되며 새로운 향기와 맛을 만드는 과정으로 오서독스 제법이 CTC에 비해 짧게 이루어진다.

④ 건조는 찻잎의 산화를 멈추기 위한 과정으로 음용과 유통이 가능하게 한다.

20. 다음 중 산화에 따른 차의 설명으로 옳지 <u>않은</u> 것은?

① 홍차 : 산화차로 주로 갈색, 검은색에 가까운 색이 될 때까지 충분히 산화시키면 꽃이나 과일을 연상시키는 향이 생성되기도 한다.

② 청차 : 후발효차로 차의 발효도가 다양하여 녹색부터 갈색 등 다양한 색을 띤다.

③ 백차 : 약산화차로 푸젠 성에서 주로 제조되며 대백, 수선백 등 소백이라는 싹이 희고 솜털이 많은 차나무로 만들어진다.

④ 녹차 : 비산화차로 차를 만드는 공정에 찌거나 덖어서 산화를 억제시킨 차이다.

21. 다음 홍차의 제조 과정에 대한 설명으로 바르지 <u>않은</u> 것은?

① 홍차는 찻잎을 산화시키는 과정에서 폴리페놀이 화학반응을 일으켜 특유의 향미를 만들어낸다.

② 홍차의 제조 과정 중에서 유념은 찻잎을 비벼서 산화효소와 폴리페놀 성분의 활성화를 촉진시키는 과정이다.

③ 홍차의 제조 과정 중 위조는 찻잎의 수분이 잘 유지되게 하여 산화를 촉진시키기 위한 과정이다.

④ 차의 제조 과정 중 건조는 수분량을 3~4%로 낮춰 찻잎의 산화를 완전히 멈추게 한다.

22. 홍차의 분류방법 중 Whole leaf의 분류에 해당하지 <u>않는</u> 것은?

① FTGFOP   ② OP

③ FOP   ④ BOP

23. 밀크티를 제조 시 강한 바디감을 만들기 위해 사용가능한 추출도구로 가장 바른 것은?

① 에어로프레스   ② 내열 유리 포트

③ 자사호   ④ 프렌치프레스

24. 아이스티 제조 시 떫은 맛을 완화시키기 위한 방법으로 가장 거리가 <u>먼</u> 것은?

① 스리랑카의 저지대 홍차를 선택하여 우려낸다.

② 가향블렌딩 홍차를 선택하여 사용한다.

③ 티를 우려낸 후 되도록이면 빠르게 얼음 위에 식혀서 사용한다.

④ 짧게 잘려진 홍차보다는 오서독스 타입의 홍차를 선택하여 우려낸다.

01. 차의 제조 방법 순서로 옳지 <u>않은</u> 것은?

① 백차 : 위조-건조

② 홍차 : 위조-유념-산화-건조

③ 녹차 : 위조-유념-건조

④ 청차 : 위조-요청-살청-유념-건조

02. 다음 중 흑차의 보관 방법으로 바른 것은?

① 공기가 잘 통하고 습도가 낮은 건조한 곳에서 보관한다.

② 숯 등을 함께 보관하면 차가 변질되는 것을 막을 수 있다.

③ 밀폐용기보다 공기가 잘 통하는 보관함이 좋다.

④ 일정 기간에 맞춰 숯불을 피워 보관 장소를 건조하게 한다.

03. CTC 제법이 의미하는 용어로 바르지 <u>않은</u> 것은?

① Crush   ② Tip

③ Tear   ④ Curl

04. 다음 홍차의 제조 방법 중 아래와 같은 제조 방법은 무엇인가?

위조 → 유념 → 산화 → 건조

① 세미 오서독스 제법   ② 쇄청제법

③ CTC 제법   ④ 오서독스 제법

정답   1. ③   2. ①   3. ②   4. ④

05. 곰팡이균을 접종하여 미생물을 발효시켜 유념·건조시킨 차이며 고대 제법으로 자연 발효시켜 만든 '생차'와 근대 제법으로 강제 악퇴발효시킨 '숙차'가 대표적인 차의 종류는?

① 백차   ② 녹차

③ 홍차   ④ 흑차

06. 티 테이스팅 시 용어와 뜻의 연결이 바르지 <u>않은</u> 것은?

① 골든팁 : 산화된 어린 싹

② 실버팁 : 산화되지 않은 어린 싹

③ Malty : 흙설탕과 같은 단맛

④ Astringent : 입안을 조여 오는 떫은맛과 강한 쓴맛

07. 티 테이스팅에 대한 방법에 대한 설명으로 옳은 것은?

① 평가할 찻잎의 양은 차의 특징을 고려하여 일정하게 계량하지 않는다.

② 티 테이스팅에 사용하는 물의 온도는 50~60℃가 적당하다.

③ 티 테이스팅 시 우려낸 차를 테이스팅할 때의 가장 좋은 온도는 90~95℃이다.

④ 티 테이스팅 시 우려낸 찻잎을 확인하는 것은 찻잎의 균일함, 산화도, 여린 정도를 확인한다.

08. 다음 내용이 설명하고 있는 다기 및 소품류는 무엇인가?

> 티 포트와 찻잔과 함께 트리오라고 불리는 도구로 우려진 찻잎을 걸러내는 데 사용된다.

① 티 스트레이너   ② 티스푼   ③ 티 포트   ④ 찻잔

09. 티 테이스팅에 필요한 도구로 적당하지 <u>않은</u> 것은?

① 테이스팅 컵과 볼 세트   ② 티 테이스팅 스푼

③ 초시계와 계량스푼   ④ 티 포트와 티 잔

정답   5. ④   6. ④   7. ④   8. ①   9. ④

10. 연수에 대한 설명으로 가장 옳지 <u>않은</u> 것은?

① 풍부한 향과 맛을 즐길 수 있으나 수색이 엷다.

② 떫은맛을 비롯한 차의 성분들이 충분히 우러난다.

③ 한국과 일본, 중국 등은 연수이다.

④ 칼슘과 탄닌이 결합하여 수색이 연하고 풍부한 향이 있다.

11. 점핑에 관한 설명으로 옳지 <u>않은</u> 것은?

① 미리 예열해둔 포트에 찻잎이 잘 움직이도록 물을 세차게 부어준다.

② 보통 홍차의 경우 90℃ 이상의 물을 사용한다.

③ 물에 산소가 많으면 점핑이 원활하게 이루어진다.

④ 물을 오랫동안 끓여 물에 산소가 없어야 점핑이 잘 이루어진다.

12. 다음 중 케냐 홍차에 대한 설명으로 옳지 <u>않은</u> 것은?

① 대규모 다원 개발로 세계 홍차생산량 3위에 이르는 아프리카 최대 홍차 산지이다.

② 연중생산이 가능하여 안정된 품질의 홍차를 생산한다.

③ 주로 오서독스 제법으로 홍차를 생산하며 스트레이트티로 즐긴다.

④ 20세기 영국으로부터 독립한 이후 대규모 다원이 시작되었다.

13. 다음 중국 홍차 중 기문 홍차에 관한 설명으로 바르지 <u>않은</u> 것은?

① 찻잎을 잘게 부수는 세미 오서독스 제법을 사용해 떫은맛을 강하게 내는 것이 특징이다

② 기문 홍차 다원은 구릉 지대 중심에 있어 여름에는 일교차가 적고 습하다.

③ 세계 3대 홍차 중 하나이며 은은한 단맛과 부드러운 스모키 향이 특징이다.

④ 기문 지역 차나무는 내한성이 강한 중국종이다.

14. 스리랑카 홍차산업에 대한 설명으로 옳지 <u>않은</u> 것은?

① 홍차의 생산과 제조에 커다란 영향을 미친 제임스 테일러는 '홍차의 아버지'라 불린다.

② 산화를 촉진하기 위해 유념기를 개발하며 홍차 산업에 큰 영향을 미쳤다.

③ 로 그로운티는 홍차 특유의 쌉싸름한 떫은맛과 중후함으로 중동에서 특히 인기가 높다.

④ 상업적인 차 재배가 시작된 것은 영국으로부터 독립한 이후인 1870년대이다.

15. 다음 중 스리랑카에서 차가 생산되는 지역으로 <u>틀린</u> 것은?

① 누와라엘리야   ② 닐기리

③ 딤불라   ④ 우바

16. 채엽 시기에 따른 다즐링 홍차의 맛과 향에 대한 설명으로 옳은 것은?

① 퍼스트 플러시(First flush) 다즐링 홍차는 무스카텔 플레이버라고 하는 신선한 과일 계통의 향이 특징이다.

② 어터멀(Autumnal) 다즐링 홍차는 산화가 충분히 이루어져 목넘김이 부드러운 맛과 향을 가지고 있다.

③ 세컨드 플러시(Second flush) 다즐링 홍차는 가장 밝은 오렌지색으로 신선하고 산뜻한 향미와 수렴성 있는 떫은맛을 가진다.

④ 어터멀(Autumnal) 다즐링 홍차는 맛과 향이 부족하여 산화도를 제일 높여 생산하여 가장 낮은 가격으로 유통된다.

17. 다음 중 차의 6대 분류에 대한 설명으로 옳지 <u>않은</u> 것은?

① 녹차는 위조 후 산화를 억제시켜 만든다.

② 홍차는 발효된 차로 악퇴 과정을 거쳐 만든다.

③ 보이차는 산화를 억제시킨 잎을 발효시켜 만든다.

④ 청차는 부분산화차로 산화의 정도는 다양하다.

정답   14. ④   15. ②   16. ②   17. ②

18. 다즐링 다원에 대한 설명으로 옳지 <u>않은</u> 것은?

① 다즐링은 높은 해발고도로 인해 리조트를 위한 땅으로 개발되었다.

② 다즐링은 중국의 명차 생산지와 기후와 토양이 비슷하다고 여겨져 차 재배를 시작하였다.

③ 다즐링 다원은 해발 1,000m를 기점으로 네팔과 부탄 그리고 히말라야를 인접해 큰 일교차와 영하의 추운 기온이 특징이다.

④ 다즐링 다원은 안개가 잦고 일교차가 크지 않으며 바람과 건조한 기후 등으로 인해 최고의 홍차 맛을 만들어낸다.

19. 다음 설명에 맞는 채엽 시기의 명칭으로 바른 것은?

> 인도의 다즐링 홍차 중 5~6월에 채엽하며 달콤하고 화사한 무스카텔 향이 날 수 있는 산화도를 선택하여 제조하는 시기로 '홍차의 샴페인'이라고 불리기도 한다.

① 세컨드 플러시(Second flush)　　② 어터멀(Autumnal)

③ 퍼스트 플러시(First flush)　　④ 몬순차(Monsoon tea)

20. 다음 중 아삼의 CTC 제조 방법에 관한 설명 중 옳지 <u>않은</u> 것은?

① 2~3엽의 잎을 기준으로 채엽 한 잎을 위조하여 수분을 30% 정도 제거한다.

② 로토르반 기계에 통과시켜 잎을 잘게 잘라서 더 많은 차즙이 나와 산화를 촉진시킨다.

③ 찻잎 채엽 시, 큰 잎보다는 고품질의 차 생산을 위해 작은 찻잎만을 채엽하여 사용한다.

④ 회전수가 다른 두 개의 롤러를 이용하여 로토르반을 통과한 찻잎을 찢고 둥글게 말아 제조한다.

21. 다음 중 홍차 산지인 인도에 대한 설명으로 옳지 않은 것은?

   ① 19세기 영국이 중국의 기후 풍토에 가까운 지역을 찾아 시작되었다.

   ② 인도의 대표적인 홍차 산지로는 다즐링, 아삼, 닐기리 등이 있다.

   ③ 인도는 전 세계 홍차 생산량의 90%를 차지한다.

   ④ 인도의 아삼 홍차는 영국에 의해 생산이 시작된 홍차이다.

22. 다음 중 인도 홍차와 퀄리티 시즌에 관한 설명 중 옳지 않은 것은?

   ① 기후와 지역적인 특징으로 인도의 아삼 홍차는 겨울을 제외한 1년 내내 수확이 가능하다.

   ② 퀄리티 시즌의 찻잎은 산지 특유의 맛과 향, 수색의 특징을 충분히 발휘한다.

   ③ 홍차는 토양의 차이를 기준으로 퀄리티 시즌을 나눈다.

   ④ 인도의 다즐링 홍차는 퍼스트 플러시, 세컨드 플러시 등으로 채엽 시기에 따라 구분된다.

23. 다음 중 다즐링 홍차에 관한 설명으로 옳은 것은?

   ① 해발 600m 이하의 저지대에서 생산된다.

   ② 다즐링 지역은 여름철에도 일교차가 10℃를 넘지 않아 서늘한 기후에서 차를 재배할 수 있다.

   ③ 다즐링 지역의 토양은 질소와 칼슘 등을 많이 함유하고 있는 알카리성 토양이다.

   ④ 다즐링의 모든 다원은 연중 내내 채엽이 가능하여 인도 홍차 생산량의 90%를 차지한다.

24. 녹차에 대한 설명으로 거리가 먼 것은?

   ① 녹차는 부분산화를 제일 약하게 하여 만드는 차이다.

   ② 녹차는 살청을 통해 녹색을 유지한다.

   ③ 증기로 찌는 방법은 주로 일본에서 많이 사용되고 있다.

   ④ 우리나라의 경우 찌거나 덖는 방식을 혼합하여 많이 제조한다.

정답 21. ③ 22. ③ 23. ② 24. ①

25. 홍차의 제조 과정에 대한 설명으로 옳지 않은 것은?

① 홍차 제조 시 맛과 향에 영향을 주는 산화도는 제조하는 시기의 온도와 습도에 영향을 받지 않아 홍차 제조가 용이하다

② 일반적으로 산화 시간이 길수록 자극적인 맛은 감소하고 농후하고 무거운 맛을 가진다.

③ 산화가 길어질수록 산뜻하고 달콤한 과일 같은 향이 낙엽처럼 묵직한 향으로 변한다.

④ 일반적으로 산화 시간이 짧을수록 우려낸 홍차는 자극적인 떫은맛이 강해진다.

26. 오서독스 제법에 대한 설명으로 옳지 않은 것은?

① 위조는 찻잎을 시들려 수분을 줄여주는 과정으로 잎이 부드러워짐과 동시에 향기를 생성한다.

② 유념은 세포조직을 파괴하여 차즙이 나오게 하기 위함인데 유념을 하고 난 후 뭉친 찻잎을 골고루 풀어줘야 한다.

③ 산화는 녹색의 찻잎이 갈색 혹은 붉은색으로 변화되며 새로운 향기와 맛을 만드는 과정으로 오서독스 제법이 CTC에 비해 짧게 이루어진다.

④ 건조는 찻잎의 산화를 멈추기 위한 과정으로 음용과 유통이 가능하게 한다.

27. 우리나라 차의 역사에 대한 설명으로 가장 옳은 것은?

① 우리나라는 신라시대에 지리산 지역에 차나무를 심어 지금의 야생 차밭을 이어오고 있다.

② 우리나라 최초의 차 서적 『다경』은 다도의 이론과 실제를 다룬 차 입문서이다.

③ 말차는 조선 말기에 널리 알려진 차 문화로서 관혼상제 등에 음용되었다.

④ 고려시대부터 조선시대까지 차 문화의 가장 호황기를 누렸다.

정답 25. ① 26. ③ 27. ①

28. 차나무에 대한 설명으로 옳지 <u>않은</u> 것은?

① 중국 윈난 성은 차나무의 생육에 가장 적합한 지역으로 알려져 있다.

② 중국 윈난 성에서 이동한 차나무가 인도의 아삼종이 되었다.

③ 인도에서 가장 오래된 차나무 카멜리아 시넨시스가 발견되었다.

④ 차나무 중 소엽종은 내한성으로 잎의 크기가 작은 것이 특징이다.

29. 명나라 때 차의 음용에 대한 설명으로 옳지 <u>않은</u> 것은?

① 제다법의 연구로 오늘날과 같은 6대 다류가 만들어진다.

② 1391년 주원장이 농민들의 부담을 덜어주기 위해 단차 제조를 폐지하고 산차를
제조하였다.

③ 이때부터 오늘날처럼 찻잎을 다관에 넣고 우리는 포다법을 쓰게 되었다.

④ 차에 대한 발전이 가장 미미한 시기로 단차폐지령으로 인해 차를 마시지 않게 된다.

30. 차나무 생육에 대한 설명으로 옳지 <u>않은</u> 것은?

① 녹차는 햇볕을 많이 쬐면 어린잎에 많은 아미노산 성분이 폴리페놀로 변한다.

② 홍차는 아미노산 성분과 엽록소를 늘리기 위해 햇볕을 가려 생산하기도 한다.

③ 홍차는 일조량이 많아지면 자극적인 맛이 강해질 수 있다.

④ 녹차는 봄에 비해 여름, 가을이 될수록 떫은맛이 많이 나고 섬유질이 발달해 자극
적인 맛을 지니게 된다.

01. 차에 관한 설명 중 (   )에 들어갈 말로 옳은 것은?

신화시대 삼황 가운데 한 명으로서 약초의 효능을 살펴보다 독이 든 풀을 먹고 중독되었는데, 찻잎을 씹어 먹고 해독되었다는 전설이 전해진다. 지금도 중국에서는 연중에 처음 생산하는 햇차를 다신인 (   )에게 바치며 제를 지낸다고 한다.

① 육우   ② 신농
③ 건륭제   ④ 초의선사

02. 다음 (   )에 들어갈 용어로 맞는 것은?

차는 일반적으로 (   ), 백차, (   ), 홍차, 황차, 흑차의 여섯 가지로 나뉜다. 이 여섯 가지 차는 차나무에서 수확한 찻잎을 가공하는 방식에 따라 그 종류가 달라지는데, 가장 큰 영향을 미치는 단계는 (   )이다.

① 청차–녹차–건조   ② 청차–녹차–유념
③ 녹차–청차–산화   ④ 녹차–청차–유념

03. 다음 중 차의 특징으로 옳은 것은?
① 홍차 폴리페놀은 진갈색이나 적갈색의 수색 및 독특한 향과 맛에 영향을 준다.
② 차의 생잎에 미량 함유되어 있는 미네랄 성분 중 칼슘은 나트륨 배출 능력이 있어 고혈압 예방에 좋다.
③ 흑차는 아미노산류의 감칠맛과 폴리페놀의 쓴맛이 합쳐져 특유의 맛을 만들어낸다.
④ 식물 성장에 반드시 필요한 물질 가운데 하나로서 차의 감칠맛을 내는 성분은 유리당류이다.

정답   1. ②   2. ③   3. ①

04. 다음 중 차의 향기 성분에 관한 설명으로 가장 옳지 않은 것은?

   ① 차의 향기 성분은 해발고도 높낮이에 영향을 받는다.

   ② 찻잎에 포함되어 있는 향기 성분의 함량은 1~2% 정도이다.

   ③ 산화가 충분히 일어난 중국 홍차에서는 떫고 쓴맛의 강도가 좋아 바디감 있는 홍차의 맛을 즐길 수 있다.

   ④ 찻잎은 채엽과 동시에 손상을 받아 효소가 작용하고 지질 성분이 분해되어 향기 성분을 생성한다.

05. 차나무에 생육에 대한 설명으로 옳지 않은 것은?

   ① 차나무 성장에 좋은 토양은 통기성과 투수성이 좋아야한다.

   ② 토양에 질소 성분이 많을수록 차의 향을 높이고 병충해에 강하게 만든다.

   ③ 녹차는 차나무가 햇볕을 많이 쬐게 되면 어린잎의 아미노산 성분이 폴리페놀로 변화되어 쓰고 떫은맛이 많이 나게 된다.

   ④ 차나무의 일조량을 조절하기 위해 셰이드 트리를 심어 품질을 조절한다.

06. 다음 중 차의 유효 성분과 생리 작용이 바르게 연결되지 않은 것은?

   ① 카테킨류, 비타민C - 항산화 작용

   ② 비타민E, 테아닌 - 이뇨 작용, 체지방 분해 촉진

   ③ 카페인, 테아닌 - 피로감 해소

   ④ 카테킨류, 불소 - 충치예방

07. 다음 중 차의 향기 성분에 관한 설명으로 옳은 것은?

   ① 차의 향기는 수확 시기, 품종, 일교차, 재배 방법, 제조 방법 등에 영향을 받는다.

   ② 찻잎을 채엽할 때는 효소가 작용하지 않아 향기 성분이 생성되지 않는다.

   ③ 향기 좋은 차는 해발 200m 이하의 저지대에서 많이 생산된다.

   ④ 찻잎에 포함된 미량의 향기 성분은 불휘발성으로 제조가 완료된 후에도 그 함량의 변화는 미미하다.

정답 4. ③   5. ②   6. ②   7. ①

08. 다음 중 차의 맛에 대한 설명으로 옳지 않은 것은?

① 차의 단맛과 감칠맛에 영향을 주는 성분은 아미노산류이다.

② 차의 떫은맛과 쓴맛은 바디감에 영향을 준다.

③ 차의 신맛과 떫은맛이 만나 상큼한 맛이 연출하기도 한다.

④ 홍차는 카테킨과 테아플라빈, 아미노산과 카페인의 밸런스로 최상의 맛과 향을 낸다.

09. 인도의 홍차 생산지 다즐링에 대한 설명으로 옳은 것은?

① 인도 북동쪽에 위치한 히말라야 산맥의 영향을 받는 지역이다.

② 토양은 대체적으로 중성이며, 차나무 생육에 최적의 조건을 가지고 있다.

③ 6~9월에는 건기, 11~2월에는 우기로 양질의 차가 생산된다.

④ 여름철 일교차가 10℃를 넘지 않는 서늘한 기후이다.

10. 홍차 산지와 그 이름의 연결로 옳지 않은 것은?

① 인도 - 아삼

② 스리랑카 - 누와라엘리야

③ 중국 - 닐기리

④ 스리랑카 - 사바라가무와

11. 유럽의 홍차 무역에 대한 설명으로 옳지 않은 것은?

① 영국 동인도회사는 1717년 중국과 직접 차 무역을 시작하면서부터 영국의 커피하우스나 차 상인들의 주도로 적극적인 차 판매가 시작되었다.

② 영국 동인도회사가 초기에 수입한 차는 녹차가 대부분이었다.

③ 영국 동인도회사는 홍차 수입량이 점점 늘어나자 네덜란드, 프랑스 등과 함께 공동무역을 실시했다.

④ 차에 대한 과세법에 반발해 차를 모두 바다에 버리는 보스턴 차사건은 미국의 독립운동의 계기가 되었다.

12. 다음 중 세계 3대 홍차 생산국에 해당되지 <u>않는</u> 나라는?

① 인도　　　　　　　　　　② 일본

③ 스리랑카　　　　　　　　④ 케냐

13. 허브티를 선택할 때 주의해야 점으로 가장 옳은 것은?

① 식용으로 판매되는 것인지 확인한다.

② 원산지는 특별히 중요하지 않다.

③ 건조 상태가 적당하여 수분을 많이 포함할수록 좋다.

④ 제조일자를 확인하고 온화한 향미와 맛을 위해 숙성된 허브를 선택한다.

14. 다음의 설명에 대한 허브로 옳은 것은?

> 남아프리카 원주민들이 즐겨마시던 것으로, 남아프리카공화국 언어로 '빨간 덤불'
> 이라는 뜻이다. 잎과 가지를 채엽해 3~5mm로 자른 후 수분량을 조절하여 8~14시
> 간 정도 발효하여 만드는 것이 일반적이다.

① 루이보스　　　　　　　　② 페퍼민트

③ 캐모마일　　　　　　　　④ 히비스커스

15. 다음 허브에 관한 설명 중 옳지 <u>않은</u> 것은?

① 로즈힙 : 레몬과 비교하여 20~40배 이상의 비타민C를 함유하고 있으며 고대 잉카
　　에서는 젊음의 비약이라고 불렸다.

② 로즈마리 : 꽃말은 '기억'이라는 뜻으로 고대 그리스와 로마 시대부터 약초로 이용
　　되었다.

③ 루이보스 : 청량감 있는 상쾌한 향기가 특징적이고 배 속에 가스가 차는 증상이
　　있을 때 효과적이다.

④ 레몬밤 : 마음을 편안하게 해주고 기분을 상쾌하게 만들며 집중력 향상에 좋다.

정답　12. ②　　13. ①　　14. ①　　15. ③

16. 다음은 차의 제조 방법에 대한 설명 중 CTC제법에 관한 설명이다. 괄호 안의 내용으로 옳은 것은?

위조 → 유념 → (   ) → CTC 머신 → (   ) → 건조

① 산화, 살청   ② 요청, 산화

③ 로토르반, 산화   ④ 산화, 로토르반

17. 다음 중 차의 제조 방법인 유념에 관한 설명으로 옳은 것은?

① 사람의 손이나 기계를 이용해 찻잎의 세포벽을 파괴시켜 차의 성분이 잘 우러나도록 하는 제조 과정이다.

② 찻잎을 가열해 찻잎 속의 폴리페놀과 산화효소를 불활성화시키기 위한 공정이다.

③ 직사광선을 이용해 온도를 올려 효소의 활성을 높이는 방법과 그늘에서 활성을 일으키는 방법이 있다.

④ 어느 정도의 향이 발생하고 나면 효소의 활성을 억제하기 위해 열을 가하는 공정이다.

18. 청차의 제조 과정 중 다음에서 설명하는 과정으로 옳은 것은?

청차에서 가장 특별한 공정은 찻잎과 찻잎이 부딪혀 향기를 내는 공정으로 찻잎에 따라 4~12시간 정도 공정이 이루어지며, 찻잎의 가장자리 세포조직이 파괴되면서 효소의 작용으로 특유의 향기 성분이 만들어져 청차의 독특한 맛과 향을 낸다.

① 요청   ② 위조

③ 유념   ④ 살청

19. 곰팡이균을 접종하여 미생물을 발효시켜 유념, 건조시킨 차이며 고대 제법으로 자연 발효시켜 만든 '생차'와 근대 제법으로 강제 악퇴발효시킨 '숙차'가 대표적인 차의 종류는?
① 백차   ② 녹차
③ 홍차   ④ 흑차

20. 주로 밀크티나 티백용 홍차에 많이 사용되는 홍차의 제조법으로 회전수가 <u>다른</u> 두 개의 롤러를 사용하여 그 사이에 찻잎을 넣고 회전시키는 제조방법은 무엇인가?
① CTC 제법
② 오서독스(Orthodox) 제법
③ 로토르반(Rotorvane) 제법
④ 세미오서독스(Semi-Orthodox) 제법

21. 다음 중 아래와 같은 공정을 거치는 제조 방법은 무엇인가?

> 채엽 → 위조 → 유념 → 산화 → 건조

① 세미 오서독스 제법   ② 쇄청 제법
③ CTC 제법   ④ 오서독스 제법

22. 다음 녹차에 대한 설명으로 가장 옳지 <u>않은</u> 것은?
① 녹차는 중국을 포함한 한국, 일본 등에서 주로 생산된다.
② 녹차는 찻잎 속의 산화 효소를 파괴하는 과정인 살청이 이루어진다.
③ 녹차는 산화가 이루어지지 않은 차이다.
④ 녹차는 유념 과정을 통해 차의 맛과 향이 잘 우러날 수 있도록 제조하는 나라는 중국뿐이다.

정답   19. ④   20. ①   21. ④   22. ④

23. 다음 중 산화에 따른 차의 설명으로 옳지 않은 것은?

① 백차 : 부분산화차이며 대백, 수선백 등 싹이 희고 솜털이 많은 차나무로 만들어진다.

② 흑차 : 증기로 찌는 방식을 통해 산화를 촉진시켜 만드는 차이다.

③ 청차 : 부분산화차로 산화도가 다양하며 녹색부터 갈색 등 다양한 수색뿐만 아니라 풍부한 향미를 즐길 수 있다.

④ 홍차 : 산화를 통해 특유의 향긋한 꽃과 과일을 연상시키는 향부터 달콤한 향까지 다양한 풍미를 즐길 수 있다.

24. 홍차의 제조 방법에 대한 설명으로 가장 옳지 않은 것은?

① 중국홍차나 인도의 다즐링 홍차는 주로 오서독스 제법으로 만든다.

② 오서독스 제법으로 만든 홍차는 특유의 풍부한 향기를 즐길 수 있다.

③ CTC 홍차는 부수다(Crush), 찢다(Tear), 말다(Curl)의 약자이다.

④ CTC 홍차는 빠르게 우러나므로 티백 전용으로만 사용된다.

25. 우바의 다원을 경매를 통해 매입하여 신선한 홍차를 합리적인 가격으로 구매할 수 있도록 영국의 대표적인 브랜드를 만든 사람은 누구인가?

① 제임스 테일러   ② 토마스 립톤

③ 트와이닝   ④ 찰스 브루스

26. 다음 중 기문홍차에 관한 설명으로 옳시 않은 것은?

① 중국종은 타닌이 적어 떫은맛이 적은 것이 특징이다.

② 기문홍차를 만드는 차 공장은 1950년에 설립된 이후 꾸준히 명차를 만들어내고 있다.

③ 세계 3대 홍차 중 하나로 불리며 강하지 않은 떫은맛과 부드러운 훈연 향이 특징이다.

④ 중국 안후이성에서 만들어지는 가장 대표적인 홍차이다.

정답   23. ②   24. ④   25. ②   26. ②

27. 세계 최대의 홍차 생산지 인도에 관한 설명으로 옳지 않은 것은?

① 인도에서 생산되는 홍차의 90%는 비전통제법으로 제조된다.

② 영국은 17세기에 인도의 재배지를 통해 홍차 재배를 시작하였다.

③ 인도 홍차는 티백용 원료나 밀크티 원료로 사용되기도 한다.

④ 인도에서 생산되는 홍차 중 소량만이 오서독스 제법으로 제조되어 고급 제품으로 판매된다.

28. 홍차의 채엽 시기에 대한 설명으로 옳지 않은 것은?

① 인도 다즐링 홍차의 경우 퍼스트 플러시, 세컨드 플러시 등으로 채엽 시기가 구분된다.

② 스리랑카에서는 최고의 맛을 내는 채엽 시기를 '퀄리티 시즌'이라 부른다.

③ 홍차는 주로 비가 많이 내리는 우기에 채엽하여 제조된 것을 최고급 티로 여긴다.

④ 홍차의 채엽 시기에 따라 맛과 향은 영향을 받는다.

29. 티 테이스팅에 대한 설명으로 옳지 않은 것은?

① 티 테이스팅은 차의 품질과 특성에 대해 확인하는 관능평가이다.

② 티 테이스팅 진행 시 테이스팅 컵, 테이스팅 볼을 사용한다.

③ 티 테이스팅은 찻잎에 온수를 붓고 3~4분간 우려낸 후 티 계량스푼으로 맛과 향을 확인한 후 종료한다.

④ 티 테이스팅은 찻잎의 외관, 우려낸 차의 맛과 향, 수색, 우려낸 찻잎의 향을 확인한다.

30. 아시아의 차 문화를 유럽에 전파한 최초의 나라는 어디인가?

① 영국   ② 프랑스

③ 네덜란드   ④ 포르투갈

정답 27. ②   28. ③   29. ③   30. ③

참고문헌

- 고재윤, 『보이차 커뮤니케이션』, 세경북스.
- 고재윤, 『티 커뮤니케이션』, 세경북스.
- 김종태, 『차의 과학과 문화』, 보림사.
- 류건집, 『한국차문화사 상, 하』, 이른아침.
- 문기영, 『홍차 수업』, 글항아리.
- 박성규, 이사무엘, 『커피툴스』, 열린과학.
- 박홍관, 『사진으로 보는 중국의 차』, 형설출판사.
- 성기인, 『고대과학과예술의절정중국도자기』, 한울.
- 성신여대 문화생활대학원, 「차 생리활성에 관한 약리적 고찰」.
- 송은숙, 「영국 차문화에 관한 연구」.
- 오미정, 『차생활의 이해와 실천』, 미누.
- 원재원, 「19세기 영국차산업의 전개에 관한 연구」.
- 유태종, 『차와 건강』, 둥지.
- 이기윤, 『다도』, 대원사.
- 이소부치 다케시, 『홍차의 세계사, 그림으로 읽다』, 글항아리.
- 이소부치 다케시, 『紅茶のすべて』, 誠文堂新光社.
- 이소부치 다케시, 『紅茶の教科書』, 新星出版社.
- 이소부치 다케시, 『イギリスが見つけた 紅茶の国』, 滋慶出版.
- 이소부치 다케시, 『紅茶事典』, 新星出版社.
- 이진수, 『한권으로 이해하는 중국 차문화』, 지영사.
- 이진수·김종희, 『차의 품평』, 꼬레알리즘.
- 이현숙, 「조선시대 차산지 연구(소빙기를 중심으로)」.
- 전정애, 「영국의 홍차 문화에 관한 연구 : Afternoon Tea를 중심으로」.

참고문헌

- 제임스 노우드 프랫, 『홍차 애호가의 보물상자』, 글항아리.
- 조지프 웨슬리 울, 『차, 차, 차』, 시그마북스.
- 한국다학회, 「韓國茶學會誌 9-2호」, 2003.
- (사)한국커피협회, 『홈카페마스터』, 커피투데이.
- Cha Tea 紅茶教室, 『図説紅茶世界のティータイム』, 河出書房新社.
- 榊田千佳子, 『ハーブティー大事典』, 学研プラス.
- 日本紅茶協會, 『紅茶の大事典』, 成美堂出版.
- 佐々木薫, 『ハーブティー事典』, 池田書店.

티 마스터 TEA MASTER

초판 1쇄 발행 2018년 6월 1일
초판 2쇄 발행 2019년 10월 1일

지은이 (사)한국커피협회
콘텐츠 제공 BTC아카데미
펴낸이 강창범
펴낸곳 (주)커피투데이

출판등록 제2012-16호
주소 경기도 평택시 중앙2로 154-1
물류센터 070-7520-2114
홈페이지 www.coffeetoday.kr
전자우편 coffee2day@daum.net

가격 17,000원
ISBN 979-11-86627-14-3 (13570)

❝ 티마스터는 차의 맛을 경험하고
나만의 새로운 맛을 발견하는
특별한 안목을 키우기 위한 시작입니다 **❞**

– *BTC ACADEMY 티마스터 문선영*